rowohlt

EUGEN RUGE

ANNÄHERUNG

NOTIZEN AUS 14 LÄNDERN

ROWOHLT

von Ulrike 15.10.15

1. Auflage Juni 2015
Copyright © 2015 by Rowohlt Verlag GmbH,
Reinbek bei Hamburg
Satz Arno PostScript, InDesign,
bei Pinkuin Satz und Datentechnik, Berlin
Druck und Bindung
CPI books GmbH, Leck, Germany
ISBN 978 3 498 05800 5

ANNÄHERUNG

VORBEMERKUNG

In diesem Band sind die Reisen rund um ein Buch zusammenge-
fasst: *Die Zeiten des abnehmenden Lichts*.

Neben den elf Reisen, die ich 2012 und 2013, oft zusammen
mit meiner Frau, anlässlich von Lesungen oder Buchpremieren
ins Ausland unternommen habe, fanden hier auch zwei weiter
zurückliegende Recherche-Reisen nach Moskau und Mexiko
Eingang. In den Notizen darüber tauchen Splitter meiner Familiengeschichte auf, die keineswegs alle für den Roman verwertet
wurden, die aber durchaus erkennen lassen, wie nahe der Stoff
vor einem konkreten historischen Hintergrund angesiedelt ist.
Andererseits sieht man aber auch, wie weit bestimmte Roman-
handlungen, wiewohl sie sich aus der Wirklichkeit nähren, von
der Wirklichkeit entfernt sind. Wer will, kann so ein Stück weit
mitverfolgen, wie aus Leben Literatur entsteht.

Hinzu kommt eine Reise nach Minneapolis zu einer Zeit, da
der Roman schon fertig geschrieben, aber noch nicht erschienen
war. Die Einladung der *Minnesota University* erfolgte aufgrund
des mit dem Alfred-Döblin-Preis ausgezeichneten Roman-
manuskripts. So fand die erste öffentliche Lesung in Amerika
statt, während der Romantext noch intensiv (und zum Teil per
E-Mail über den Ozean hinweg) redigiert wurde.

Bei den Ländern, in denen ich gewesen bin, handelt es sich
weder um besonders gefährliche oder schwer zugängliche Welt-
gegenden, noch war ich als Experte für diese Länder unterwegs,
im Gegenteil. Als ehemaliger Ostdeutscher zunächst am Reisen
– zumindest in Richtung Westen – gehindert, später häufig

durch finanzielle Verlegenheit eingeschränkt, bin ich alles andere als ein notorischer Weltenbummler.

Ich habe Notizen gemacht, um nicht zu vergessen, was bei diesen Reisen passiert ist, und das Wichtigste passierte von mir selbst zunächst beinahe unbemerkt: Tatsächlich haben mich diese Reisen verändert. Ich will hier nicht den Versuch unternehmen, diese Veränderung zu beschreiben – das wäre eine thesenhafte und schwache Zusammenfassung und Vorwegnahme dessen, was in diesen Berichten, so hoffe ich, nachzuerleben ist. Dies ist keine politische Schrift. Auch bedeutet Veränderung hier nicht Wandlung, Umkehr oder gar Erleuchtung, aber doch eine Verdeutlichung, eine Zuspitzung meiner Sichtweise, und zwar, so viel sei gesagt, besonders im Hinblick auf den Prozess, der Globalisierung genannt wird.

Eugen Ruge, *Februar 2015*

RUSSLAND

Juli 2005

Kommen mittags in Domodedovo an. Keine Zollkontrollen, wie befürchtet (wir haben zwei Dauerwürste dabei). Nur die Passkontrolle zäh. Die Beamten mit unbewegten Gesichtern.

Ist es wirklich dreißig Jahre her, dass ich das letzte Mal hier war?

Der Flughafen: groß, hell, westlich. Der Aeroexpress nach Moskau-City kostet hundertzwanzig Rubel – dreieinhalb Euro. Ein klappriger Zug, wie es ihn auch in London oder Boston geben könnte. Neu: Menschen verkaufen im Zug Zeitungen, Erfrischungsgetränke, irgendwas.

Vierzig Minuten Fahrt. Draußen Russland. Das Land, aus dem ich komme. Vororteindrücke, nichts Überraschendes. Dreck, Baustellen, Ruinen, Unkraut. Ich lese Zeitung: Kasachstan strebt offenbar wieder eine Union mit Russland an. Wie auch Belorussland. Anscheinend schon seit langem, ich habe nur nicht davon gehört. Doch noch einmal eine Art Neuauflage der Sowjetunion?

Pawelezkij-Bahnhof. Wir treten auf die Straße hinaus: Moskau. Hohe Häuser. Matte, rötliche Farben. Die breiten Straßen. Der chaotische Verkehr. Nur der Geruch ist anders. Vor dreißig Jahren roch es nach «Russenauto». Damals waren fast ausschließlich Taxis unterwegs: billig, fast so billig wie die Straßenbahn. Das ist vorbei. Das Taxi vom Flughafen hätte vierzig Euro gekostet, wie man uns gesagt hat. Wir haben darauf verzichtet.

9

Mit der Straßenbahn bis zur Proletarskaja. Heißt also immer noch so. Auch die Metro heißt noch *Wladimir Iljitsch Lenin.* Selbst die Schaffnerin in der alten Straßenbahn scheint einer früheren Epoche zu entstammen.

Ein weißes Neubauhaus, Stroikovskaja Uliza Nummer sowieso. Die untere Etage ist komplett von den einzelnen Bewohnern vergittert worden. Skurril: Die seltsamen rostigen Eisenkästen, die verstreut zwischen den Häusern herumstehen, sind, wie sich herausstellen wird, Garagen!

Aufgang 1, Wohnung 4. Tanja empfängt uns. Tanja ist die Tochter der besten Freundin meiner Schwester, eigentlich Halbschwester, die heute in Boston lebt. Soll ich jetzt die Geschichte meiner Schwester erzählen?

Was ist das? Was schreibe ich hier? Für wen? Eigentlich sollten es ein paar Notizen werden, Gedächtnishilfen für meine Familiengeschichte. Aber jetzt denke ich plötzlich daran, dass die Reise eine Rahmenhandlung für den Roman abgeben könnte. Oder ist eine Zehn-Tages-Reise als Rahmenhandlung zu klein? Was heißt überhaupt Handlung? Ist das, was hier passiert, Handlung? Und: Werde ich, wenn ich eine authentische Reise zum Ausgangspunkt wähle, nicht unwillkürlich in eine Art Wahrheitsfindungsgeschichte hineinrutschen? Werde ich mich plötzlich an Fakten halten müssen, statt meiner Phantasie freien Lauf zu lassen?

Keine Lust auf Fakten. Keine Lust auf Wahrheitsfindungsliteratur, welche ja von der Existenz einer Wahrheit ausgeht, einer Wahrheit, die wie ein Edelmetall irgendwo in der Tiefe verborgen liegt und die man nur ans Licht zu holen braucht, um sie allen zu zeigen.

Tanja, so hieß es, komme gerade aus Paris. Meine Vorstellung: Nur reiche (und infolgedessen unangenehme) Russen fahren nach Paris. Bin erleichtert, dass Tanja sich als ganz normale Russin erweist. Die kleine Eigentumswohnung, in der sie irgendwie noch mit den Eltern zusammenwohnt, ist vielleicht sechzig Quadratmeter groß, drei sozialistische Neubauzimmer, eine winzige Küche.

Da sitzen wir und trinken, weil es heiß ist, Wasser aus der Leitung, das fürchterlich nach Chlor stinkt. Tanja findet das Moskauer Wasser anscheinend okay. Sie findet auch, ich sähe jung aus für mein Alter. Merkwürdig. In Deutschland sagt man mir stets das Gegenteil. Aber das russische Leben schafft offenbar andere Maßstäbe.

Spaziergang durch Moskau am nächsten Morgen. Die neurussischen Worte, die ich dreimal lesen muss, um zu begreifen, was da in kyrillischen Buchstaben geschrieben steht: джекпóт (Jackpot!), хит (Hit!).

Ein riesiges Plakat über der Straße: *Wann fahren Sie endlich Ihren Bentley?* Das ist sie – die neue Zeit.

Wir gehen zuerst zum Roten Platz. Die Kremlmauer, die ewige Flamme, die Gedenksteine für die «Heldenstädte». Ich kann nicht leugnen, dass mich das berührt, auch wenn der Kreml ein Ort der Macht ist, auch wenn es mich befremdet, wie stark diese Nation ihr Selbstbewusstsein noch immer aus jenem gewonnenen Krieg bezieht, dem sie den schrecklichen Namen «Großer Vaterländischer» gegeben haben.

Andererseits ist dieser Ort von trotzigem Pathos umweht, scheinen sich diese roten Mauern gegen alles Zeitliche zu stemmen, gegen alle Moden, alles Geschwätz, alle Politik. Mich rührt der Ernst, mit dem der blutjunge, picklige Soldat die ewige Flamme bewacht. Ich weiß, dass ein großer Teil der Opfer dieses Krieges der Unfähigkeit, der Selbstherrlichkeit und der Menschenverachtung Stalins zu verdanken ist, und dennoch werde ich an den Gedenksteinen für die «Heldenstädte» starr vor Ehrfurcht und Trauer.

Irgendwo vor den Toren Moskaus lag übrigens meine Mutter vier Jahre lang in einem feuchten Erdbunker, vier Stunden Wache, vier Stunden Schlaf, und hat, sozusagen als lebende Zielscheibe, die Scheinwerfer bedient, mit denen deutsche Flieger, die Moskau angriffen, geblendet wurden.

Ich esse ein Eskimo-Eis – in Amerika würde es jetzt vielleicht «Little Inuit» heißen. Hier heißt es immer noch «Eskimo», aber es schmeckt nicht mehr so. Liegt es an mir, am Eis? Wie gern habe ich als Kind Eskimo-Eis auf dem Roten Platz gegessen.

Dann zum Hotel Metropol, unserem ersten Ziel. Ein riesiges, prächtiges Jugendstilhotel, das vor der Renovierung noch prächtiger gewesen sein soll. Ich wusste nicht, dass es *so* prächtig ist, und ich wusste nicht einmal, dass es so zentral liegt – nur einen Steinwurf vom Kreml entfernt. Hier also hat meine Großmutter ein Jahr lang auf ihre Verhaftung, und das heißt: auf ihre Erschießung, gewartet, zusammen mit dem größten Teil der sogenannten OMS, des legendären Geheimdienstes der KOMINTERN. Aber während die anderen tatsächlich fast alle erschossen wurden, ist meine Großmutter zusammen mit Stiefgroßvater Hans nach Paris ausgereist.

Ich weiß sogar, in welchem Zimmer meine Großmutter und Hans gewohnt haben, aber die Zimmer sind neu nummeriert, und das Personal an der Rezeption des Nobelhotels (das billigste Zimmer kostet 700 Euro) ist nicht aufgelegt, mit einem dahergelaufenen Deutschen über irgendwelche Geschichten aus den dreißiger Jahren zu reden. Wenigstens den gewaltigen, altmodischen Fahrstuhl schauen wir uns noch an, auf dessen Anfahrgeräusch meine Großmutter hier vermutlich jeden Morgen gegen vier Uhr gewartet hat: die Zeit, um die «abgeholt» wurde.

Dann suchen wir das KOMINTERN-Gebäude. Es muss in der Maneschnaja Uliza sein. Wir suchen eine Weile vergeblich. Ich erwarte ein Schild an dem Gebäude – nichts zu sehen. Ich frage einen Polizisten danach. Der Polizist, so wird sich zwei Tage später herausstellen, steht direkt vor dem Gebäude. Der Mann macht ein nachdenkliches Gesicht: Mhm, ja, KOMINTERN, das habe er schon mal gehört …

Ich frage Passanten auf der Straße, die aussehen, als wären sie gebildet: Keiner weiß was. Die KOMINTERN! Die ruhmreiche Kommunistische Internationale, Vereinigung aller Kommunistischen Parteien, Herz und der Kopf der Weltrevolution!

Auf der Suche nach dem Gebäude gehen wir die Maneschnaja abwärts, fast bis zur neu aufgebauten Christ-Erlöser-Kathedrale, die 1931 gesprengt und zu einem offenen, beheizten (!) Schwimmbad umgebaut worden war: eine Riesenattraktion für mich als Kind. Ich erinnere mich, wie ich einmal zusammen mit Jakow Samuelowitsch Drabkin, dem Historiker, in dem warmen Wasser geschwommen bin, und frage mich jetzt, ob ich mich unwissentlich der Gotteslästerung schuldig gemacht habe.

Zum Schluss noch zur Lubjanka, dem KGB-Gefängnis, in dem Onkel Walter verhört worden ist, bevor er für zehn Jahre ins Arbeitslager geschickt wurde. Ich fotografiere es heimlich, aus der Hüfte. Aber was sieht man schon auf dem Foto? Einfach ein großes Haus. Übrigens werden, so hat Walter berichtet, die Zugänge durch den Hintereingang ins Gebäude gebracht. Diesen getraue ich mich nicht zu fotografieren.

Am nächsten Tag unterwegs mit der Moskauer Metro. Damals, vor dreißig Jahren, für mich ein Wunder – und heute noch immer beeindruckend, obwohl die Züge laut und altmodisch sind. Sie verkehren alle zwei Minuten, und anstelle von komplizierter Anzeigenelektronik, wie man sie in Berlin findet, beginnt hier, sobald ein Zug abgefahren ist, eine Zwei-Minuten-Uhr rückwärts zu laufen: russische Methode, aber es funktioniert. Ich ertappe mich dabei, vor Martina einen seltsamen Stolz zu empfinden.

Die Metro ist tief, es dauert ewig, ehe einen die Rolltreppe auf das Niveau der Gleise befördert. Überhaupt sind die Wege in Moskau lang. Die Straßen, die mir in der Kindheit riesig vorkamen, sind immer noch riesig. Man geht nicht über Ampelkreuzungen, man wandert.

Menschen als Litfaßsäulen – Werbung. Sind Menschen hier inzwischen billiger als Plakatflächen?

Wir schauen uns die Lomonossow-Universität an – allerdings wird mir bald klar, dass mein Vater nicht hier studiert haben kann. Das berühmte Gebäude im Stalin'schen Zuckerbäckerstil ist erst später errichtet worden.

Wir essen in einem *Jolki-Palki*, einer neurussischen Restaurant-Kette. Der Name eine Verballhornung des russischen Mutterfluchs, eine an sich sinnlose Wortkombination – «Tannen-Stöcke» –, die lediglich durch den Anlaut «J» auf das russische Wort юб *jub* anspielt (Befehlsform des f-Wortes ...).

Abends durch den alten Arbat, das einstige Künstler- und Intellektuellenviertel. Heute eine Geschäftsstraße, ein Touristenboulevard, auf dem am Abend weiße Kaninchen und Blumen feilgeboten werden, sogar einen zahmen Raben kann man kaufen. Vor dem Geburts- oder Wohnhaus des berühmten russisch-georgischen Liedermachers Bulat Okudschawa fragt uns ein alter Mann auf Deutsch, ob er uns einen Vortrag über Okudschawa anbieten darf. Wir lassen uns darauf ein, und sei es nur, um zur Aufbesserung seiner wahrscheinlich erbärmlichen Rente beizutragen. Was er über Okudschawa zu berichten hat, ist keineswegs uninteressant und vermutlich zutreffend (Vater als Volksfeind erschossen, Mutter im Lager, als Kind bei der Großmutter überlebt). Trotzdem fühle ich mich, wie immer in solchen Situationen, unwohl. Zum einen ist es, glaube ich, die Unklarheit des «Geschäfts» (weil ja nie klar vereinbart wird, ob und wie viel es kostet). Zum anderen ist es aber auch die Rolle des Almosengebers, die ich vor diesem alten russischen Intellektuellen nicht spielen möchte und die mir nicht zusteht: eine Art Fremdschämen dafür, dass dieser Mann auf seine alten Tage noch betteln gehen muss.

Auf dem Heimweg: unterirdische Clubs, vor denen scharf angezogene Moskauerinnen umherstreunen, unverhohlen auf Beutezug.

Am nächsten Tag nach Podmoskowje. Dazu muss man sagen: Jeder Moskauer, der irgendwie kann, nimmt die größten Unbequemlichkeiten und längsten Fahrzeiten in Kauf, um im Sommer auf seiner Datsche zu leben, draußen im Moskauer Umland. Auch Ira und Wolodja, die Eltern von Tanja, leben zurzeit auf der Datsche (und das ist auch der Grund, weshalb in der Wohnung Platz ist). Nun sind wir dorthin, nach Podmoskowje, eingeladen.

Wir erreichen unser Ziel mit dem Vorortzug recht bequem. Die Datschengegend sieht auf den ersten Blick allerdings nicht sehr verlockend aus: Ein Asphaltstreifen für Autos, den man Straße nennen könnte, links und rechts hohe Bretterzäune, Brennnesseln wuchern davor, schiefe Strommasten. Aber kaum öffnet sich das Tor zum Grundstück, wird es licht. Ein schönes, rosa angestrichenes Holzhaus mit geräumiger Veranda, ein weiter Garten, zum großen Teil mit Gemüse bebaut. Ira begrüßt uns so herzlich, als wäre sie nicht nur mit meiner Schwester, sondern auch mit uns innig befreundet, sie weint sogar.

Siebzehn Personen sitzen am Tisch. Große Tafel, Trinksprüche, üppige Speisen. Schon fühlt man sich ein bisschen wie in einem russischen Film, beinahe wie im alten Russland, aber dann, anstelle von Gesang zu Gitarre oder Akkordeon – Karaoke!

Am Abend noch ins Taganka-Theater: eine Studentenaufführung von Nabokovs *Märchen*. Sehr artistisch, guter Gesang, große, schöne, talentierte, junge Frauen, aber das Ganze ohne Atmosphäre, ohne den Geruch irgendeiner «Wirklichkeit», eine kalte, gut einstudierte Veranstaltung.

Wir treffen Erik, ebenfalls ein alter Freund meiner Schwester. Erik ist Rentner, früher war er bei der Eisenbahn. Da er ein bisschen Deutsch spricht, soll er die Russland-Erinnerungen meines Vaters im Auftrag meiner Schwester (die kein Deutsch kann) ins Russische übersetzen.

Mit Erik nun noch mal zum Roten Platz, weil ich sicher sein will, welches das KOMINTERN-Gebäude ist. Tatsächlich stellt sich heraus, dass es ausgerechnet das Haus ist, vor dem der Polizist gestanden hatte. An der Seitenwand gibt es eine kleine

Gedenktafel für Béla Kun, einen jüdisch-ungarischen KOM-
INTERN-Funktionär, den sie 1938 erschossen haben – warum
ausgerechnet für ihn, warum nicht für die vielen anderen?

Das Haus ist der Roten Mauer zugewandt, ein hübscher
Gründerzeitbau, wenn man in Moskau so sagen darf, mit vier
Stockwerken. Der «fünfte Stock der KOMINTERN» – so
nannte man, wie mir mein Vater erzählt hat, unter Eingeweihten
die OMS. Angeblich wagte niemand, den tatsächlichen Namen
des KOMINTERN-Geheimdienstes öffentlich auszusprechen.
Mein Vater behauptete sogar, dass diese «Abteilung für internationale Verbindungen» (otdel meschdunarodnych svjasei) so
geheim war, dass die westlichen Geheimdienste nicht einmal
von ihrer Existenz wussten.

Weiter auf den Spuren meines Vaters. Wir besuchen die alte
Moskauer Universität. Hier hat er als Zeichner gearbeitet und
die ersten Semester seines Fernstudiums absolviert. Aber vor
allem will ich den Vorhof der Uni sehen, wo sich einer der vielen
Zufälle ereignete, die sein (und damit ja auch mein) Schicksal
entschieden.

Als mein Vater sich nämlich 1936 zum ersten Mal bewarb,
wurde er abgelehnt (die Stimmung wendete sich gerade gegen
Ausländer). Noch mit der Ablehnung in der Hand, traf er hier,
im Hof der alten Universität, zufällig einen alten Bekannten aus
Berlin, Moise Lurje alias Alexander Emel, der, wie sich heraus-
stellte, Professor an der historischen Fakultät war. Er bot meinem Vater seine Hilfe an. Sie verabredeten sich für den nächsten
Tag im Universitätshof. Aber Emel erschien nicht. Eine fehlende
Münze (eine Kopeke!), gab den Ausschlag, dass mein Vater sich
letztlich entschied, Emel nicht von der Telefonzelle im Hof der
Universität aus hinterherzutelefonieren, sondern auf dessen

Protektion zu verzichten und es stattdessen im nächsten Jahr erneut zu versuchen.

Kurze Zeit später setzte der Terror ein, und Alexander Emel wurde im ersten öffentlichen Moskauer Schauprozess zum Tode verurteilt, weil er angeblich Studenten zu irgendwelchen Schandtaten angestiftet hatte. Ein von ihm protegierter, obendrein deutscher Student hätte die Jahre des Terrors kaum überstanden.

Übrigens war es die Bekanntschaft zu eben diesem Alexander Emel, die als Vorwand diente, meine Großeltern vom Dienst bei der OMS zu suspendieren und – sozusagen als Volksfeinde in der Warteschleife – im Luxusgefängnis Hotel Metropol einzuquartieren.

Kurz schauen wir bei Jelissejew rein, dem Delikatessengeschäft, um die Kaviarpreise zu erkunden (für uns unbezahlbar). Am benachbarten Hotel Lux latschen wir fahrlässigerweise einfach vorbei. Immerhin hat mein Vater hier die ersten Moskauer Wochen verbracht und ist hier kommunistischen Größen wie Walter Ulbricht oder Friedrich Wolf samt beiden – noch sehr kleinen – Söhnen Konrad und Markus begegnet.

Seltsam: dass ein Russe (Erik) Tschechow nicht mag.

Lustig: dass die alten Damen im Tschechow-Museum sein Erbe bewachen wie verflossene Geliebte – in jedem Zimmer eine.

Am folgenden Tag ein Ausflug mit dem O-Bus zum Serebrjanny Bor, dem Naherholungsgebiet im Westen von Moskau. Hier ist mein Vater zu Anfang des Krieges beinahe standrechtlich erschossen worden, weil er sich – weder wurde er als Deutscher einberufen noch für Zivilschutzaufgaben eingeteilt – mit seinen

Studienbüchern versehentlich neben einem getarnten Flug-
abwehrgeschütz niedergelassen hatte. Witzige Idee, dass es die
Einheit meiner Mutter gewesen sein könnte.

Das Naherholungsgebiet selbst: Wald und Wiese, Badesträn-
de an den Nebenarmen des Moskau-Flusses. Die Brücken und
Brückchen würden in Deutschland vom TÜV gesperrt werden.

Noch ein Freund meiner Schwester: Mark, der wahrscheinlich
ebenso wenig Mark heißt wie Erik Erik (man versucht, seine
Namen zu verwestlichen). Mark ist sozusagen ein Buddelkas-
tenfreund meiner Schwester. Als mein Vater mit seiner ersten
Ehefrau an der Moskauer Peripherie, in Perlovka, ein kleines
Haus kaufte, spielten die beiden dort draußen zusammen.

Mark ist Wissenschaftler, anscheinend ein regelrechter Experte, irgendwas mit Chemie, aber damit verdient man in Russland heutzutage kein Geld. Nebenbei macht er in Immobilien,
und es liegt wahrscheinlich nicht nur an meinem mangelhaften
Russisch, dass ich nicht ganz verstehe, was er da eigentlich tut.
Fest steht aber, dass der schöne, rote VW Passat nicht von seinem Gehalt finanziert ist – das Gefährt, mit dem wir nach Perlovka fahren.

Leider existiert das Haus meines Vaters und seiner ersten
Frau, also das Haus, in dem meine Schwester ihre Kindheit und
Jugend verbrachte, nicht mehr, es ist einer Autobahn zum Opfer
gefallen. Und überhaupt erweist sich, was immer ich mir unter
Perlovka vorgestellt haben mag – als falsch.

Zwar weiß ich von meinem Vater, dass Moskau, als er 1933
ankam, noch vorwiegend aus hölzernen Blockhäusern bestand,
trotzdem bin ich überrascht, als ich etwas vorfinde, das eher
einem russischen Dorf gleicht. Nur dass sich das neue Moskau

allmählich in die dörfliche Peripherie frisst. Nicht nur die Autobahn führt knapp an Perlovka vorbei. Die Stadt, man sieht es überall, kommt näher, gräbt das Gelände um, betoniert sich vorwärts. Die Hochhäuser stehen schon in Sichtweite. In zehn Jahren wird es hier keine Holzhäuser mehr geben. Gut, dass ich da war.

Bevor wir in Perlovka waren, sind wir mit Mark noch in Podlipki gewesen. Der legendäre «Punkt 2»! Meine Großmutter hatte die OMS-Geschichte nie erwähnt, als unterliege das alles immer noch der Geheimhaltungspflicht (und irgendwie stimmt das sogar: Die Akten der OMS sind bis heute unter Verschluss).

Das Einzige, was meine Großmutter je von dieser Zeit berichtet hat, erst im hohen Alter und recht zusammenhanglos, war, dass sie auf dem Bahnsteig einen Nervenzusammenbruch gehabt habe, als sie zusammen mit Hans auf irgendeine offenbar gefährliche Tour geschickt werden sollte. Sie fuhren damals als sogenannte geheime Emissäre der KOMINTERN mit gefälschten Pässen in Europa herum und lieferten irgendwelches Material in irgendwelchen schwarzen Koffern. Später hat mir ihr Neffe Klaus erzählt, Hans sei einmal auf eine solche Tour geschickt worden mit einem Ausweis, bei dem im Visa-Stempel des Deutschen Reichs ein «c» fehlte: *Deutshes Reich.* – Hans sei trotzdem gefahren.

Zurück zum «Punkt 2». Hier nämlich residierte die OMS in Wirklichkeit. Hier war der «Fünfte Stock der KOMINTERN». Wie es drinnen aussah, weiß wahrscheinlich kein lebender Mensch. Auch mein Vater kannte den Ort nur von außen: ein hoher Bretterzaun, Wachtürme, Stacheldraht. Nach der Liquidierung der OMS wurde der «Punkt 2» von Stalin in eine sogenannte Scharaschka verwandelt, das heißt in ein Gefängnis für solche «Volksfeinde», die Stalin durch ihre besonderen Fähigkeiten nützlich sein konnten. So konstruierte der berühmte Ingenieur Andrei Nikolajewitsch Tupolew hier sein zweimotoriges, vermutlich mit kriegsentscheidendes Kampfflugzeug Tu-2.

So weit kenne ich die Geschichte von meinem Vater. Die Überraschung: dass sich heute an dieser Stelle die sogenannte Koroljow-Stadt befindet – das nach dem Vater der sowjetischen Raumfahrt benannte Raketenzentrum. Aus dem Grund weigert Mark sich beinahe, mit uns dorthin zu fahren. Nicht aus Angst, sondern weil man «sowieso nichts sieht». Tatsächlich ist das riesige Gelände von hohen Mauern umgeben. Und doch muss ich den Ort unbedingt sehen.

Noch eine verrückte Geschichte: Zum Schluss trinken wir in Perlovka Tee bei Marks Bruder. Ich erzähle von meinem Vater, der im Lager war, von der Lagerhauptstadt Soswa, meinem Geburtsort. Da stellt sich heraus, dass Marks Bruder vor nicht allzu langer Zeit in Soswa gewesen ist! Auf einer Paddeltour seien sie dort vorbeigekommen, und da es dort natürlich kein Quartier und keinen Zeltplatz gibt, hat ihnen der Lagerkommandant angeboten, ihre Zelte *innerhalb* des – heute noch existierenden – Lagers aufzubauen: Das sei am sichersten.

Letzter Teil der Reise: Susdal, Moskaus goldener Ring. Eine Bekannte von Martina lebt hier, eine Deutschlehrerin, zu der sie schon lange Kontakt hält.

Das Neubaugebiet, in dem sie mit der Familie wohnt, sieht aus wie nicht fertig gebaut – und ist es auch nicht. Alles irgendwie roh, kahl. Soweit ich weiß, hat sie für die kleine Zweieinhalb-Zimmer-Wohnung viel Geld bezahlt, mit Hilfe deutscher Freunde.

Im Zentrum ist Susdal sehr schön, Häuschen wie aus dem Bilderbuch, hölzern, bunt, mit Schnitzereien. Natürlich besuchen wir auch die berühmten Kirchen mit ihren Goldkuppeln, lauschen einem slawischen Kirchenchor und einem kleinen, sozusagen handgespielten Glockenkonzert.

Aber das Interessanteste bleiben doch die Menschen und ihre Geschichten. Aljoscha, der Mann von Martinas Freundin, war Soldat in Afghanistan. Genauer gesagt: Offizier. Jetzt ist er arbeitslos, säuft, so wie alle, hängt herum, während seine Frau das Leben meistert. Über seine Zeit in Afghanistan spricht er nie, sagt seine Frau, außer gelegentlich mit den anderen «Afghanzen», seinen ehemaligen Mitkämpfern.

Aber als ich ihn gezielt frage, kommt doch einiges. Er spricht vom Töten. Er zeigt keine Emotionen, versucht aber mit Worten auszudrücken, wie man sich fühlt, wenn man in einem Hinterhalt liegt und den Trupp anrücken sieht: Menschen, von denen man weiß, dass man sie in wenigen Sekunden auslöschen wird.

Ich frage ihn, ob und wie man ihnen den Einsatz in Afghanistan begründet hat. Aljoschas Antwort:

«Man hat uns gesagt, wo wir nicht sind, da sind die Amerikaner.»

Und tatsächlich: 1989 verließen die Russen Afghanistan, zwölf Jahre später marschierten die Amerikaner ein, aus welchen Gründen auch immer.

MEXIKO

Wie war das, 1941 von Veracruz, von der Seeseite her, einzureisen? Eine flache Stadt, vom Faro überragt. Palmen. Kleine, pastellfarbene Häuser. Die breite Hafenpromenade, einladend, offen – ja, so empfängt einen diese Stadt. Trotz der schwerbewaffneten Polizei-Patrouille, die am Hafen herumlungert wie eine Jugendbande. Das Land ist flach, der Himmel riesig.

Aber der Reihe nach.

Vorspann: Transit USA, Houston. Fingerabdrücke, Kamera vors Gesicht. Frage: Was wollen Sie in Mexiko? Unglücklicherweise gehen Martina und Luise durch einen anderen Eingang, sodass mich die Beamtin allein vor sich hat. Meine Antwort: Tourismus. Wohin wollen Sie? Antwort: Zuerst nach Mexico-Stadt, dann wahrscheinlich nach Palenque, dann weiß ich noch nicht genau. Misstrauischer Blick: Sie wissen nicht genau? Sie sollten wissen, wo Sie hinfahren. Ich: Entschuldigen Sie, aber warum wollen Sie das wissen? Die Beamtin: Hier stellen wir die Fragen, Sie antworten. Und dann kommt mein Satz, der das Problem auslöst:

«As far as I know, Mexico is not part of the United States of America.»

Ich werde abgeholt, komme in eine Art Warteraum, werde dann, nachdem man mich demonstrativ eine Weile ignoriert, von irgendeinem Officer verhört, jetzt fragt er mich sogar, was ich vor zwei Jahren in Moskau gemacht habe (Passstempel). Da

Martina und Luise draußen warten (irgendein Uniformierter sagt zu Martina, man warte auf *einen Anruf aus Washington*) und der Anschlussflug schon in Gefahr ist, reiße ich mich zusammen und versuche, den Mann nicht noch weiter zu provozieren. Sie lassen mich gerade noch rechtzeitig gehen.

México D. F. Wir kommen abends gegen acht an. Laues Lüftchen. Der Taxifahrer fährt wie ein Irrer. Die Fenster offen, es zieht. Brüllender Verkehr. Nadelöhre, mehrspurige Avenidas, keine Orientierung. Irgendwo biegt der Fahrer ein: Häuserblöcke, grau, heruntergekommen, nichts Besonderes: Das ist schon das «historische Zentrum». Zócalo ist gesperrt wegen Weihnachten. Wir sehen riesige bunte Leuchtengel. Später, beim Abendspaziergang, entdecken wir, dass sie eine große Eisbahn auf dem Zócalo aufgebaut haben, offenbar ist der Betrieb kostenlos, die Menschen stehen an wie am Lenin-Mausoleum in Moskau.

Das Hotel ist okay. Alte Möbel, mit der Spritzpistole auf ein angenehmes Bordeauxrot umgespritzt. Einfachverglaste Gewächshausfenster zum Hinterhof. Auf dem Dach gegenüber haben sie zur Bewachung von irgendwas zwei Hunde stationiert, arme Viecher, die ihr Leben auf zwanzig Quadratmetern Beton verbringen und die halbe Nacht bellen.

Wir werden viel zu früh wach und gehen schon um sieben oder halb acht in das Bäckerei-Café gegenüber, es ist groß, schlicht, mit weißen Energiesparlampen beleuchtet, viele Kellner. Das Publikum besteht aus Mexikanern, der Kaffee ist phantastisch, ein großes Glas, zuerst starker Kaffeesud, dann warme Milch drüber (es wird der beste Kaffee gewesen sein, den wir in Mexiko bekommen). Ich esse ein «mexikanisches Frühstück», irgendwelche Tortillas mit scharfer grüner Soße drüber, alles leicht pampig.

Am ersten Tag schauen wir uns im *centro historico* um, die große Basilika ist im Inneren so, wie man sich mexikanischen Barock vorstellt: golden und verschnörkelt. Mich hat so was noch nie beeindruckt. Ganz anders: der Templo Mayor der Azteken direkt daneben. Ausgrabung mitten im Stadtzentrum, eine schöne Idee. Aufgrund des schlammigen Inselbodens, auf dem die Mexica, der Hauptstamm der Azteken, im 14. Jahrhundert ihre Stadt Tenochtitlán errichtet haben, ist der Tempel immer wieder abgesunken, bis heute ist alles schief. Zu besichtigen sind eigentlich nur Teile des inneren Tempels. Alle zweiundfünfzig Jahre, wenn jeweils eine Zeitrechnung der Azteken zu Ende ging, haben sie auf dem alten Tempel einen neuen errichtet. Die oberen sind von den Spaniern abgetragen worden. Wo die Basilika unverputzt ist, sieht man, dass sie aus den Steinen des früheren Tempels besteht.

Kurz auf den Aussichtsturm. Ringsum der Moloch. Man kann wunderbar den Stau in der Innenstadt besichtigen.

Im Westen des Zentrums der kleine Parque da Alameda: Die «Grünflächen» sind braun, von einem kleinen Geländer eingezäunt, nicht zu betreten. Berittene Polizei mit gewaltigen Sombreros. Die Bäume spenden schwachen, durchlässigen Schatten. Schwarze, dohlenartige Vögel fiepen durchdringend. Unzählige Buden mit Plunder und Essen, irgendwelche Tacos, Tortillas (kann ich bis heute nicht unterscheiden), Mais, alle möglichen Sorten Fleisch zusammen in einem großen Tiegel, etwas Seltsames, Frittiertes (das sich später als Schweinehaut herausstellen wird), Süßigkeiten, Obst.

Gesamteindruck: vor allem viele Menschen. Besonders

nachmittags und abends ist auf den schmalen Gehwegen kaum Platz zum Treten, man atmet den Atem des anderen. Es ist laut, es stinkt. Kleine, meist in schusssicheren Westen steckende und mit allerlei Ausrüstung behangene Polizisten pusten unaufhörlich in ihre Trillerpfeifen und versuchen mit nervösen Handbewegungen, die Fahrer daran zu hindern, bei Rot über die Kreuzung zu fahren. Mexiko-Stadt (das die Mexikaner D. F. – *distrito federal* – nennen) ist weniger bunt, als ich es mir vorgestellt habe. Es erinnert mich stark an andalusische Städte, nur dass es noch chaotischer, noch voller ist. Die Bürgersteige haben Löcher, manchmal mitten in einem Gullydeckel, und so groß, dass ein Fuß durchpasst.

Keine Überraschung, aber doch hautnah: die Armut. Nicht nur die Bettler, auch die Verkäufer an den Ständen wirken bitterarm. Mein Mitgefühl macht mich mitunter wehrlos: Irgendwann wirft sich ein Schuhputzer (er spricht erstaunlicherweise ein bisschen Englisch und hat, wie er sogleich mitteilt, früher angeblich bei VW gearbeitet) regelrecht vor mir nieder und beginnt mir gewaltsam die Schuhe zu putzen. Da ich es in dieser Situation versäume, vorab nach dem Preis zu fragen, lasse ich mir, der Situation nicht gewachsen, glatt hundert Pesos (etwa sechs Euro) abknöpfen. Dass D. F. einmal bessere Zeiten erlebt haben muss – davon scheinen einzelne Gebäude zu zeugen, so zum Beispiel das palastartige Postamt, das genauso gut in Wien stehen könnte. Der bemerkenswerteste Unterschied zu europäischen Städten ist vielleicht der, dass unglaublich viele, keineswegs nur ärmliche Gebäude schief stehen – der morastige Untergrund hat nicht nur den Azteken zu schaffen gemacht.

An einem der Abende gehen wir in einem im Reiseführer empfohlenen Restaurant essen. Es gibt Salat, dann einen kleinen

Teller nichtssagenden Reis. Danach eine braune, schokoladehaltige Pampe, die, um es milde auszudrücken, nicht appetitlich aussieht. In dieser Pampe liegen angeblich aus Garnelen gemachte Klößchen, *tortas de camaron*, lauwarm und mit wenig Eigengeschmack. Zum Abschluss eine völlig überzuckerte Konserven-Birne. Das Kapitel «Essen in Mexiko» ist für mich ziemlich rasch abgeschlossen. An den Ständen sieht man wenigstens, was man bekommt. Allerdings erfahren wir später, nachdem wir oft an den Ständen gegessen haben, dass sich diese Art der Ernährung vor allem wegen der Hepatitis-Gefahr nicht empfiehlt ...

Einen Tag verbringen wir in Teotihuacán. Die Stadt ist im Stil der präkolumbianischen Klassik errichtet, weder ihr ursprünglicher Name noch der ihrer Erbauer ist bekannt. Als die Azteken bei ihrer Einwanderung ins Hochland von Mexiko auf die Ruinen der Stadt stießen, war sie schon seit Jahrhunderten verlassen. Die Azteken glaubten, den Ort vor sich zu haben, wo die «fünfte Welt» entstanden war, und nannten sie Teotihuacán – der «Ort, wo man Gott wird». Der Sage nach hatte die neue Welt entstehen können durch das Opfer zweier Götter, die sich ins Feuer warfen, um als neue Sonne und neuer Mond aufzusteigen. In diesem Schöpfungsmythos fanden die Azteken offenbar den Urgrund für ihre Opfer-Riten. Durch Opfer war die Welt erschaffen worden, und Opfer sorgten für ihr Fortbestehen.

Heute stehen in Teotihuacán überall kleine Händler, die allesamt behaupten, dass sie ihre indianisch-kunstgewerblichen Waren mit eigener Hand hergestellt haben, so auch der Indio, dem ich die kleine Obsidian-Schildkröte mit Perlmuttschild abkaufe. Ich kaufe sie wohl vor allem, weil Obsidian das Gestein ist, aus dem die (kein Eisen kennenden) Azteken die Messer herstellten, mit denen sie ihren Opfern die Herzen aus der lebendigen Brust rissen. Temperaturen bei alldem: zwischen fünfundzwanzig und dreißig Grad im Schatten.

Schließlich noch das Anthropologische Museum im Chapultepec, dem Heuschrecken-Park. Eins der besten Museen der Welt, sagt man, und das stimmt wohl. Vor allem wollte ich Coatlicue sehen, Göttin des Lebens und des Todes, die Hauptgottheit der Azteken. Die unzähligen Fundstücke aus der mesoamerikanischen Geschichte kann man nicht alle anschauen, jedenfalls ich nicht. Meine Großmutter hat sich offenbar für jede Vase begeistern können. Auch wenn beispielsweise die Maya-Kultur etwas sanfter wirkt als die aztekische, so haftet doch den Kunstwerken der Indios insgesamt etwas Grausiges, Kantiges, Blutrünstiges an, und ich frage mich, was ausgerechnet meine empfindsame Großmutter daran so außerordentlich fasziniert hat.

Die Fahrt nach Teotihuacán und zurück: mexikanische Vorstädte wie Ameisenhügel, kleine, dreckige, kubische Häuser, meist unverputzte, ungestrichene graue Betonziegel. Nicht einmal für Farbe reicht das Geld. Stacheldraht grenzt die Siedlungen zur Straße hin ab, man begreift nicht, ob er die Menschen am Hinein- oder am Hinausgehen hindern soll.

Ganz im Gegensatz dazu: Coyoacán, «Ort der Kojoten». Stacheldraht und Elektrozäune auch hier, aber einzelne Häuser und Gärten umgebend. Vorher, um in der Reihenfolge zu bleiben, sehen wir uns das Haus meiner Großmutter an: Tapachula 56a. Die Straße liegt nicht in Coyoacán, wie ich immer dachte, sondern nördlich davon, im Stadtbezirk Roma-Sur. Die Gegend wirkt deutlich weniger wohlhabend als Coyoacán. Meiner Schwester hatte man vor einem Jahr sogar abgeraten, dorthin zu gehen, aber ich habe nicht den Eindruck, dass es hier gefährlich ist. Das Haus selbst: ein kaum fünf Meter breites Gebäude, zwei-stöckig plus Mansarde und daneben ein kleiner Dachgarten.

Die U-Bahn wurde erst 1959 in Betrieb genommen, das heißt, dass meine Großeltern damals mit dem Bus gefahren sind. An einer Ecke fotografiere ich die abfallenden Lettern eines ehemaligen Fotogeschäfts, wo meine Großeltern vielleicht die Bilder haben entwickeln lassen, die ich kenne.

Zur Atmosphäre in Mexiko in jener Zeit (sie kamen 1941 hier an): Es regierte gerade Manuel Ávila Camacho. Die Epoche war bestimmt durch den Wechsel von der Revolutionszeit zur teilweisen Restitution und Restauration. Dennoch scheint Mexiko unter Camacho insgesamt den Weg nationaler Unabhängigkeit und Demokratisierung weitergegangen zu sein. Wichtig die Außenpolitik: Camacho stellte sich (als einziger Regierungschef des Völkerbundes!) offen gegen die sogenannten Achsenmächte und ermöglichte Flüchtlingen aus Nazideutschland unabhängig von ihrer politischen Gesinnung die Einreise, also auch Kommunisten – was meinen Großeltern das Leben rettete.

Wir bleiben insgesamt fünf Tage in D. F. Dummerweise erkälte ich mich und liege die letzte Nacht mit Fieber und Schnupfen im Bett, während draußen die Hunde jaulen: hundeelend. Mit Fieber und Gliederschmerzen schleppe ich mich zum Busbahnhof (TAPO), und wir fahren am 31. früh nach Veracruz.

Die Fahrt dauert circa sechs Stunden, der Bus erster Klasse ist recht bequem, schwer erträglich ist jedoch das Bedürfnis offenbar aller südlichen Völker, immerzu Lärm um sich zu haben …

Wir kommen am späten Nachmittag in Veracruz an, kurz vor Anbruch der Dunkelheit. Die Tage in Mexiko sind winters wie sommers gegen achtzehn Uhr zu Ende (plus minus dreißig Minuten). México D. F. liegt immerhin unterhalb des zwanzigsten Breitengrades, also viel südlicher als etwa Ägypten. Taxi zum Zócalo, wie alle zentralen Plätze hier heißen. Mächtiges Gewühl. Vor unserem Hotel stehen die Tische und Stühle so dicht, mit Koffern ist fast kein Durchkommen. Zimmer mit Fenster zum Platz. Die Dame an der Rezeption behauptet, dass es ab acht ruhig sei. Wir glauben es nicht und wechseln in ein Zimmer nach hinten, mit Fenstern zu einem Lichtschacht, auf den alle Klimaanlagen rausgehen.

Spaziergang zur Hafenpromenade: breit und schlicht, gar nicht schick, gar nicht touristisch. Sehr schönes Essen in einem sehr einfachen Restaurant – «Familienrestaurants» nennen sie sich hier. Hinter einem Tresen wird öffentlich gekocht. Wir essen einen wunderbaren Salat aus frischen, wohlschmeckenden Garnelen. Interessant: Der junge Kellner ist anscheinend Analphabet. Man muss die Bestellung selbst aufschreiben. Auch die Rechnung schreibt eine Frau am Tresen, der Kellner überbringt sie nur. Zwei über siebzigjährige Straßenmusikanten singen mexikanische Klassiker. Zum Schluss bekommen wir vom Restaurant einen Kalender geschenkt – zum Jahreswechsel für die «geschätzte Kundschaft».

Am Abend geht es mir wieder einigermaßen gut. Um Mitternacht sitzen wir vor dem benachbarten Hotel Imperial (dem ältesten Hotel in Mexiko mit dem ältesten Fahrstuhl Lateinamerikas, ein Schweizer Produkt, das immer noch in Betrieb ist). Ein untersetzter, eher blasser, europäisch aussehender Mann in Jeans und schlichtem Hemd, der uns später als der Besitzer des Hotels vorgestellt wird, hat sich rührend darum bemüht, dass wir drei Plätze vor dem Restaurant bekommen. Seltsamerweise sind die anderen Lokale am Zócalo alle geschlossen, außer einem sehr teuren Hotelrestaurant, wo in der für die Öffentlichkeit unzugänglichen ersten Etage eine Band für die Schönen und Reichen Mexikos aufspielt.

Der freundliche Hotelbesitzer des altehrwürdigen Imperials verteilt an seine Gäste Hütchen und bunte Ketten. Wir bestellen Tequila und sind sehr glücklich, als wir um Mitternacht mit den anderen Gästen das neue Jahr einzählen und mit unserem Tequila anstoßen. Nach Mitternacht hört die Nobelkapelle auf zu spielen, jemand legt einheimische Musik auf, und die Leute auf dem Zócalo beginnen zu tanzen.

Eigentlich hatten wir schon am kommenden Abend weiter nach Villahermosa (Tabasco) fahren wollen, um von dort aus Palenque zu besuchen. Während ich kränkelte, hatte Luise, unsere Tochter, aber gehört, dass an der Golfküste, besonders in der Region Tabasco, Sturm zu erwarten sei, und ausgerechnet Martina, die als Einzige von uns dreien kein Spanisch kann, hatte in der Zeitung entdeckt, dass in Oaxaca, wo wir anschließend hinfahren wollten, ein indigener Ex-Bürgermeister-Kandidat erschossen worden war, sodass man jetzt in der Region Oaxaca Unruhen erwartete.

Wir machten erst einmal einen Spaziergang längs der Küste in südlicher Richtung. Tatsächlich begann das Wetter umzuschlagen, es bewölkte sich, wurde kühler. Im Hafenbecken badeten ein paar Jungs, was mich erstaunte, denn meine Großmutter hatte mir, offenbar wieder einmal übertreibend, erzählt, dass einer der asylsuchenden Passagiere 1941 das endlose Warten im Hafen nicht ausgehalten hatte und über Bord gesprungen war, um an Land zu schwimmen; er war, so meine Großmutter, nach dem Sprung ins Wasser nicht wieder aufgetaucht, angeblich wegen der Haie.

An den wenigen Strandabschnitten, wo man baden kann, sind Massen von Menschen unterwegs. Der Badebereich ist ziemlich knapp durch Bojen begrenzt. Der Wind frischt auf, wirft uns Sand ins Gesicht. Die Bademeister beginnen, die Leute aus dem Wasser zu winken – aus scheinbar übertriebener Vorsicht. Wir besteigen unseren ersten mexikanischen Bus, eine wahre Klapperkiste, etwa von der Art wie der, in dem Frida Kahlo ihren Unfall gehabt haben muss.

Als wir im Hotel ankommen, beginnt es zu regnen, der Wind ist jetzt kräftig. Wir beschließen, auf jeden Fall eine weitere Nacht in Veracruz zu bleiben. Nun müssen wir die Bus-Fahrkarten umtauschen. Plötzlich gibt es keine Taxis mehr. Wir fahren wieder mit dem Klapperbus. Auf dem Rückweg ist die Hauptstraße bereits gesperrt. Verkehrschaos, so schnell geht das hier. Der Beschluss, nicht nach Tabasco zu fahren, scheint auf jeden Fall richtig zu sein.

Die Meldungen über politische Unruhen in Oaxaca bestätigen sich dagegen nicht. Am nächsten Morgen kaufen wir Fahrkarten für den Nachtbus, der uns zur Pazifikküste bringen soll. Ich erwarte dort besseres Wetter. Wir essen noch mal in einem Familienrestaurant – natürlich nicht ganz so gut wie in dem ersten – und fahren abends ab. Dieses Mal Luxusklasse, gegen fünfzehn Prozent Aufschlag. Der einzige, aber wichtige Unterschied: dass der Ton für die Filme hier, wie im Transatlantikflieger, über Kopfhörer läuft. Der Luxus ist: Stille.

Dann die Pazifikküste. Schon am Morgen vom Busfenster aus nimmt man die deutlich veränderte Atmosphäre wahr. Worin besteht die Veränderung? *Palapas* heißen die kleinen, mit Schilf oder Blättern gedeckten Hütten, die typisch für den Pazifikraum sind. Es gibt mehr Palmen als an der Golfküste. Und eindeutig besseres Wetter. Ein weiß gestrichener Bordstein bei der Einfahrt nach Huatulco vermittelt für einen Augenblick den Eindruck, dass hier alles sauberer, ordentlicher sei …

Wir steigen in Huatulco um nach Pochutla. In Pochutla hängt sich sofort ein Taxifahrer an uns, der uns für achtzig Pesos nach Puerto Angel fahren will – offenbar bleibt niemand lange hier, alle fahren nach Puerto Angel. Als wir einwenden, dass wir zuerst einen Kaffee trinken wollen, versichert uns der Taxifahrer sogar, dass der Kaffee in Puerto Angel besser sei. Trotzdem lassen wir uns in einer zu einer Kneipe umfunktionierten Garage an der Bushaltestelle nieder), direkt an der Straße, laut, stinkend, aber was anderes ist nicht in Sicht, zumindest nicht um acht Uhr in der Frühe. Die freundliche Besitzerin serviert uns ein paar süße Brötchen, die sie rasch drüben beim Bäcker holt, sowie ein paar Tortillas mit Tomatensoße und aufgewärmten Kaffee. Sie hat die Szene mit dem Taxifahrer beobachtet und versichert uns, dass die Tour nach Puerto Angel (16 km) nur fünfzig Pesos kostet – ihr Bekannter wird uns fahren. Nach dem Frühstück schauen wir uns Pochutla an, ein abgelegenes Städtchen, das vom Tourismus beinahe unberührt scheint. Mir gefällt es – aber was soll man hier? Einfach bleiben und sich treiben lassen? Schreiben?

Wir fahren also für fünfzig Pesos nach Puerto Angel. Ich frage den Taxifahrer nach einer günstigen Unterkunft. Er schlägt «Gundi und Tomas» vor. Ich befürchte, dass es Deutsche seien. Aber der Taxifahrer bestreitet dies energisch.

Gundi und Tomas sind dann natürlich doch Deutsche, das heißt, Gundi ist Deutsche – Tomas gibt es nicht mehr. Er ist, wie wir später erfahren, vor zwanzig Jahren an Krebs gestorben. Gundi ist seit achtundzwanzig Jahren hier, offenbar gehört sie zu der Hippiegeneration, die Puerto Angel und besonders den nahe gelegenen Strand von Zippolite für sich entdeckt hat, übrigens der einzige Strand Mexikos, wo man bis heute nackt baden kann, wie wir im Reiseführer lesen. Dann muss sie irgendwann auf die Idee gekommen sein, ein Hotel aufzumachen. Immobilien dürften damals für einen Appel und ein Ei zu kriegen gewesen sein. Inzwischen wohnt Gundi in Baja California, ist nur noch zu bestimmten Zeiten hier. Der Hotelbetrieb wird von billigen indianischen Arbeitskräften aufrechterhalten, geleitet von Bastian, einem von Gundis zwei Söhnen, ein großmäuliger Mestize, der sich offenbar viel darauf einbildet, dass er in fünf Sprachen guten Tag sagen kann.

Das Hotel liegt etwas erhöht, die Zimmer sind einfach, in kleinen Gebäuden auf zwei Ebenen verteilt, mit großzügigen Terrassen, Frühstückstischen, Hängematten, die auch – statt Zimmern – zu mieten sind. Das Leben am Pazifik ist *easy*. Der Himmel blau. Man ist von Hibiskusblüten umgeben. Es gibt sogar Kolibris: Wir sehen von der Terrasse aus einen, den wir, wenn nicht ein kanadischer Ornithologe uns aufgeklärt hätte, für ein großes Insekt halten würden.

Die Kundschaft des Hotels teilt sich offenbar in zwei Kategorien: wiederkehrende Stammgäste, darunter ein in schwäbischem Dialekt nörgelnder Bruder von Gundi, ein Raucher mit tuberkulösem Nachthusten, und sein schwuler Lebensgefährte; sowie ein Schweizer, der mit Bastian, dem Sohn der Besitzerin, immerzu über Zement redet und sich über die Mexikaner beschwert («Nur ein toter Mexikaner ist ein guter Mexikaner»). Außerdem ein ruhiger, tätowierter Gast, den ich auf den ersten Blick für einen Rocker und Langzeitarbeitslosen halte, der sich dann aber als Betriebsrat des Kulturreferats der Stadt Ulm erweist (und als der netteste von allen). Hinzu kommen am letzten Tag (als die Ferien in Mexiko enden) weitere deutschstämmige Freunde von Gundi, offenbar Ex-Hippies, die sich hier irgendwo niedergelassen haben, und die Atmosphäre im Hotel wird so erdrückend privat, dass wir uns gerade noch so geduldet fühlen.

Die zweite Kategorie von Gästen sind Lonely-Planet-Typen, die «ganz individuell» durch den südamerikanischen Kontinent strömen, zu Tausenden dieselben Strecken abfahren, dieselben Hotels bewohnen, in denselben Restaurants essen. Ein Freund von mir hat es einmal so ausgedrückt: Man sollte immer einen Lonely-Planet-Reiseführer dabeihaben, um zu wissen, wo man besser NICHT hingeht. Nach drei oder vier Tagen habe ich «Gundi und Tomas» satt, aber da ist es sowieso Zeit, abzureisen.

Bis dahin «chillen» wir, wie unsere achtzehnjährige Tochter es nennt. Man packt sich in die Hängematte und liest (ich lese einen Großteil von Eugenides' *Middlesex*), oder man besucht einen der Strände. Puerto Angel selbst hat zwei, einen schmuddligen für Einheimische, einen etwas reineren für Touristen. Hier werden wir sofort von einem Kellner angequatscht, der uns unbedingt zu einem der Restaurants schleifen will, die hier am Strand ihre Tische und Stühle aufgestellt haben, und ich reagiere genervt – eine dumme, aber typische Situation in Mexiko, dass man immerzu gezwungen ist, jemanden abzuwimmeln, obwohl man weiß und sieht, dass die Menschen es dringend nötig haben. Das Dorf ist offensichtlich bettelarm. Dreck überall. Klägliche Unterkünfte. Das Wasser soll einige Tage vor unserer Ankunft wieder einmal nach Kloake gestunken haben (wir erleben am Rande eine kleine Protest-Veranstaltung in der *Agencia Municipal* mit).

In Puerto Angel war meine Großmutter vor sechzig Jahren. Damals waren sie und Hans die einzigen Deutschen hier, die einzigen «Touristen». Sie wohnten in einer bescheidenen Hütte. Meine Großmutter hat den Charme und die Armut der Bevölkerung in einer kleinen Geschichte beschrieben. Viele Familien lebten damals davon, dass am Ort Kaffee verladen wurde, eine ziemliche Plackerei, Stoßarbeit, ohne feste Anstellung und feste Arbeitszeiten. Der Kaffeehafen und die Verbindung zum Landesinneren wurden unter Benito Juárez eingerichtet, der der Region damit eine wirtschaftliche Basis geben wollte.

Heute wird hier kein Kaffee mehr verladen. Stattdessen stehen Angler auf dem überdimensionalen Anlegesteg und angeln kleine Fische. Im Meer werden allerdings auch große Fische gefangen, anscheinend auch jede Menge Thunfisch. Davon, aber vor allem vom Tourismus, lebt die Region – aber wie? Was hat der Tourismus den Armen hier eigentlich gebracht, wenn sie bis heute nicht einmal sauberes Trinkwasser haben?

Der nächste, uns am häufigsten empfohlene Strand ist der Schildkrötenstrand bei Mazunte, zehn Kilometer weiter. Busse gibt es keine. Wir fahren mit dem Taxi für wiederum fünfzig Pesos. Der Strand ist schön, weiter und breiter als der von Puerto, aber vom Charakter sehr ähnlich. Heller, grober Sand. Die Bucht wird von Felsenklippen begrenzt. Mäßiger Wellengang reicht aus, um einen tüchtig durcheinanderzuwirbeln.

Trotz der erheblichen Intensität der Sonne liegen die Leute hier – es sind nicht viele – ohne Sonnenschutz am Strand. Wir fragen im Restaurant nach einem Schirm. Der Kellner will hundert Pesos (zweimal die Taxifahrt!), ist dann aber auch mit der Hälfte zufrieden. Lustig: Am nächsten Tag, als Luise mit einer jungen Schweizerin wieder den Strand besucht, steckt der Sonnenschirm immer noch an derselben Stelle, niemand kümmert sich mehr darum.

Nachdem wir eine Weile am Strand herumgelungert haben, besuchen wir das Schildkrötenmuseum. Ich erinnere mich an eine Geschichte meiner Großmutter: dass sie sich weigerte, Schildkrötensuppe zu essen, nachdem sie am Vortag mit angesehen hatte, wie die Fischer die Schildkröte bei lebendigem Leibe aus ihrem Panzer schnitten. Zwischenzeitlich gab es eine regelrechte Schildkrötenfabrik, wie uns der Betriebsrat, den wir bei «Gundi und Tomas» kennengelernt haben, erzählt. Der Strand in Mazunte muss rot gewesen sein vom Blut der geschlachteten Tiere. Nun hat man die Fabrik geschlossen und ein Museum gegründet, wo die Tiere auch gezüchtet und wieder im Meer ausgesetzt werden, um den Bestand aufzufrischen.

Am nächsten Tag gehen Martina und ich, ebenfalls auf Empfehlung des «Betriebsrats», an den Hippiestrand nach Zippolite – den Sonnenuntergang anschauen. Abgesehen davon, dass man hier nackt baden kann, unterscheidet sich der Strand nicht sehr von den anderen. Wir bestellen einen Mango-Shake und erwarten gespannt den berühmten pazifischen Sonnenuntergang. – Wer sagt eigentlich, dass er berühmt ist? Rund und rot versinkt die Sonne im Meer – das war's. Auf Rügen, denke ich heimlich, ist der Sonnenuntergang eigentlich schöner.

Oaxaca. Seltsam ist, dass sich die vergleichsweise entspannte, freundliche, ja geradezu labende Atmosphäre auf meinen Fotos nicht vermittelt. Oaxaca könnte, den Fotos zufolge, genauso gut D. F., Veracruz oder Pochutla sein. Ist es aber nicht.

Tausendfünfhundert Meter hoch im Gebirge gelegen, gehörte Oaxaca mangels Silber und Gold zu den von den Spaniern vernachlässigten Städten. Trotzdem ist es wohl Unsinn, wenn alle Reiseführer schreiben, dass sich hier irgendwas «Indigenes» oder «Präkolumbianisches» erhalten habe. Hier stehen dieselben, aus geklauten, in diesem Fall mixtekischen Tempelsteinen erbauten Basiliken, die gleichen, von den Spaniern inspirierten, kubischen Häuser. Es gibt dieselbe Coca-Cola-Reklame, dieselben Restaurants, dieselben Autos, dieselben Banken, dieselbe Lebensweise, dieselbe Armut, dieselben Tortillastände.

Vielleicht wird ein bisschen mehr indigenes Kunstgewerbe auf den Straßen angeboten. Es gibt tatsächlich ein paar Straßen ohne Autoverkehr, ein bisschen mehr Grünflächen als anderswo. Die Häuser sind vielleicht ein bisschen gepflegter, ein bisschen besser angestrichen als etwa in Pochutla, und die Geschäfte bieten nicht an, was die bäurische Bevölkerung braucht, sondern was westliche Touristen (also wir) mögen – so kaufe ich tatsächlich ein Paar silberne Manschettenknöpfe mit aztekischem Kalender: Genau solche hatte meine Großmutter aus Mexiko mitgebracht, und mein Vater, der nie etwas verbummelte, hat einen davon verbummelt!

Die Straßen sind nicht so überfüllt wie in D. F. Und Oaxaca ist durch seine Hochlage klimatisch recht angenehm, es gibt, zumindest im Januar, morgens und abends ein paar kühle Stunden, die Tage sind warm, trocken, nicht schwül. – Das alles reicht aus, um der Stadt, zumindest stellenweise im Zentrum, zu einer erholsamen, freundlichen Atmosphäre zu verhelfen. Man ist hier gern, schlendert durch die Straßen, und ich habe schon nach dem ersten Tag das Gefühl, dass ich die Stadt einigermaßen überblicke. Am zweiten Tag fahren wir nach Teotitlán, dorthin, wo die meisten indianischen Decken gewebt und gehandelt werden. Das ist, neben den Manschettenknöpfen, der zweite

Verlust, den ich unbedingt ausgleichen will: Die inzwischen ver-
schlissene Decke meiner Großmutter, die zu Hause auf meinem
Sofa liegt.

Da wir ohnehin nicht lange schlafen können (seit morgens
um fünf furzten Busse, VW Käfer und Motorräder in unsere
schlafenden Hirne), stehen wir früh auf und wären wahrscheinlich schon um acht an der Bushaltestelle gewesen, wenn Martina
nicht festgestellt hätte, dass sie ihre EC-Karte verbummelt hat.
So muss erstmal dringend nach Deutschland telefoniert werden ...

Dann fahren wir eine halbe Stunde mit dem Bus, steigen
gegen neun Uhr irgendwo im Ortskern von Teotitlán aus und
gehen ins erstbeste Restaurant frühstücken. Eilig werden Tischdecken aufgelegt, und wir futtern die fast zur Gewohnheit ge-
wordenen *frutas con yogur y granula* – reichlich Papaya, Mango,
Melone, Apfel, darüber ein bisschen Joghurt und ein paar geröste-
te, in Honig kandierte Getreideflocken – gut aufgelegt, herr-
liches Wetter, und wenn ich mich recht erinnere: guter Kaffee.

Dann der Deckenmarkt. Ein kleiner Platz, kein Viertel Fuß-
ballfeld groß, darauf insgesamt vielleicht zwanzig offene Buden,
jeweils um die zwei mal drei Meter. Man kann an keiner Bude
vorbeigehen, ohne von einer kleinen, indianischen Verkäuferin mit dunklen, flehenden Augen oder einem traurigen alten
Mann aufs Dringlichste zum Eintreten aufgefordert zu werden.
Ein Ort der Demütigung. Wir sind – bis etwa elf Uhr – nahezu die einzigen Weißen, die auf dem Markt umhergehen, vergleichen, handeln. Da ich wahrscheinlich nur einmal im Leben
auf diesem Markt sein werde, will ich natürlich die «richtige»
Decke auswählen. Möglichst eine, die meiner alten zumindest
ähnlich ist. Ich vergleiche Farben und Muster, bitte diese oder

jene Verkäuferin, mir diese oder jene Decke für einen Moment beiseitezulegen, mache dadurch mehreren dieser armen Menschen Hoffnung. Wenn man von dem gegenwärtigen Mindesteinkommen von fünfzig Pesos (drei Euro) pro Tag ausgeht (der *Siempre!* schreibt, dass die Hälfte der Bevölkerung Mexikos hungert), dann kosten die beiden Decken, die ich schließlich kaufe, etwa achtunddreißig Arbeitstage: tausendneunhundert Pesos. Tatsächlich versichert mir die Verkäuferin, dass eine Decke drei Wochen Arbeit bedeutet. Wenn das auch nur annähernd stimmt, ist es eigentlich eine Schande, dass man auch noch über den Preis verhandelt.

Praktisch läuft das dann so: Sie verlangen einen bestimmten Preis und schauen, wie man reagiert. Wenn man zögert oder bloß zweifelnd den Kopf wiegt, ist man innerhalb kürzester Zeit bei zwei Drittel des Preises, und dann gehen die Verhandlungen los. Da ich die Decke sehr sorgfältig ausgewählt habe und mehrmals von einem Stand zum anderen gegangen bin, habe ich unwillkürlich die Konkurrenz zwischen den Verkäufern entfacht, und die Angebote wurden immer günstiger. Besonders eine der Verkäuferinnen glaubte, mich durch immer verlockendere Angebote zum Kauf überreden zu können. Eine wirklich schlimme Szene. Obwohl ich ihr zu verstehen gab, dass ich ein anderes Muster und eine andere Farbe suche, lag ihr Angebot schließlich weit unter der Hälfte des ursprünglichen Preises, sie glich mehr einer Bettlerin als einer Verkäuferin, und ich kam mir schuldig vor, dass ich ihre Decke nicht kaufte.

MINNEAPOLIS
....
April 2011

12. April 2011. Plötzlich sind hier zwanzig Grad, die Sonne knallt regelrecht, und ich beginne zu ahnen, was kontinentales Klima hier bedeutet, warum sich die Leute so sehr für den Wetterbericht interessieren. Gestern starke Winde, fast Sturm, kalt. Heute windstill, zwanzig Grad, und das sind noch milde Unterschiede. Das Wetter kann einen hier wahrscheinlich umbringen.

Am Vormittag habe ich die letzten Korrekturen für die *Zeiten des abnehmenden Lichts* nach Deutschland abgeschickt und mich gegen Kapitelüberschriften entschieden. Nun ist die Sache wirklich getan.

Nach der vierten Lesung hier (alle an der Uni, öffentliche und nicht öffentliche), fahre ich zum ersten Mal mit dem Bus in die Innenstadt. Der Campus von Minneapolis ist schön: die Universitätsstadt, die es wohl in fast jeder amerikanischen Metropole gibt und die man so in Deutschland nirgends findet. Die Atmosphäre auf dem riesigen Gelände ist wirklich wunderbar. Lauter nette, unschuldige, freundliche Studenten (Studierende, wie man neuerdings politisch korrekt und grammatisch inkorrekt in Deutschland sagt, denn es bleibt ein Unterschied zwischen einem Arbeiter und einem Arbeitenden), der Geist der Wissenschaft weht hindurch, auch wenn die Gebäude, vor allem die neuen, pompösen, nach Sponsoren oder amerikanischen Politikern benannt sind.

Ganz anders die Innenstadt von Minneapolis. Im Großen und Ganzen ist sie so, wie man sich Amerika vorstellt. Besonderheit: Wegen der kalten Winter und der heißen Sommer sind die Häuser in den Einkaufsstraßen durch gläserne Brücken und Gänge, sogenannte Skyways, verbunden, sodass man mehrere Kilometer Innenraum zum Einkaufen hat.

Drei, vier Kilometer vom Zentrum entfernt, in der Straße, wo ich bei einem Freund, der hier an der Uni eine Professur hat, wohne, stehen Holzhäuser, fast alle mit kleinen, terrassenartigen Vorbauten, die sich ungeheuer ähneln, ohne dass eins dem anderen völlig gliche. Eine seltsame Mischung aus Gleichförmigkeit und Individualität. Sie stehen eng nebeneinander und erinnern in der Bauweise an Skandinavien, und tatsächlich ist Minneapolis skandinavischen Ursprungs – allerdings sehen die Häuser, die ich etwa aus Boston kenne, genauso aus. Überhaupt ist eigentlich alles so, wie ich es zu kennen glaube oder erwarte. Die Amerikaner fahren vorsichtig, halten sich an die Regeln, führen ihre Hunde an der Leine, trennen, wenn darum gebeten, artig den Müll (wenngleich, wie mir scheint, auf unsinnige Weise: Sie unterscheiden zwar kleinlich zwischen «Newspaper» und «Office Paper», schmeißen aber dann alles übrige Papier mit Plastik und Restmüll zusammen).

13. April 2011. Insgesamt macht das Land einen angeschlagenen Eindruck. Natürlich wirkt das Vorfrühlingsgrau nicht gerade belebend. Und doch sieht man oft Unordnung, kaputte Zäune, die Farbe blättert, manche Veranden gleichen Rumpelkammern, als hätten die Bewohner im Haus nicht genug Platz. Die Straßen sind nach dem Winter voller Schlaglöcher, die Strommasten sehen aus wie in Mexiko. Von der großen Brücke über den Mis-

sissippi wird erzählt, dass sie vor ein paar Jahren – während des Hauptverkehrs – zusammenbrach.

Die Lebensmittel erscheinen mir teuer. Für ein Stückchen Rhabarberkuchen zahlt man vier Dollar, für einen Liter Milch immerhin zweieinhalb. Eine Flasche trinkbaren Weißweins kostet doppelt so viel wie in Deutschland. Im Restaurant wird man übrigens platziert wie zu DDR-Zeiten. Und in den amerikanischen Kneipen wird man nach einem Personalausweis gefragt, wenn man Alkohol bestellt. Gestern Abend war ich zusammen mit meinem Freund in einer solchen Kneipe, zwanzig Minuten mit dem Auto. Alles ist irgendwie weit, und der Nahverkehr funktioniert schlecht, wie ich festgestellt habe, als ich einmal allein in die Stadt fuhr. Es dauert ewig, bis ein Bus kommt, er ist voll, man muss umsteigen usw. Über die Mittagszeit machen manche Linien größere Pausen. Die Tickets sind billig, aber bei meiner ersten Busfahrt kommt es mir so vor, als seien alle, die den Bus benutzen, versehrt oder verletzt, hätten fehlende Gliedmaßen oder Verbrennungen im Gesicht.

Was mir in Amerika wieder besonders auffällt (und was in Minnesota angeblich besonders ausgeprägt ist): die Freundlichkeit und das an Verstellung grenzende Taktgefühl der Amerikaner. Immer ein nettes Wort, nie Ironie, niemals darf man widersprechen, niemals etwas anzweifeln. Allerding, so wird gesagt, erwachse daraus im wissenschaftlichen Kontext eine Diskurskultur, die ungeheuer positiv und produktiv sein kann. Es würde nichts gleich niedergebügelt und weggezweifelt, sondern man gebe sich gegenseitig Impulse, ermutige einander usw.

Auffällig auch, wie verschwenderisch die Amerikaner noch immer sind. Die Toiletten verbrauchen bei jedem Spülgang rund zehn Liter Wasser. Die Häuser haben fast alle Klimaanlagen, kaum Dämmung, sind leicht gebaut, und in vielen Wohnungen sind die uralten Heizkörper nicht regelbar.

Ansonsten habe ich noch nicht viel erlebt. Heute ist der siebente Tag, bislang hatte ich fünf Lesungen, war beim «Brown Bag Lunch», wie der Nachmittagstreff heißt, zu dem die Kollegen des *Department of German, Scandinavian & Dutch* ihre Sandwiches oder Bagels in braunen Papiertüten selbst mitbringen; war einmal zum Abendessen bei der Chefin des *Center for German & European Studies* eingeladen, habe mich mit dem Historiker Hy Bergman getroffen, um die große öffentliche Lesung vorzubereiten, war zweimal laufen, zweimal essen und schließlich habe ich noch einen Haufen Korrekturen am Roman gemacht und Entscheidungen getroffen, vierundsiebzig Mails an meine Lektorin verschickt und siebzig von ihr empfangen. Und das Ganze bei leichtem Jetlag.

Heute Abend nach der Lesung gehe ich zusammen mit der Chefin des *Center for German & European Studies* in das hier sehr bekannte Guthrie-Theater. Morgen bin ich von einem der Senatoren zur Besichtigung des Parlaments eingeladen, am Nachmittag gehe ich zusammen mit meinem Freund und seinen Studenten in eine Ausstellung russischer Revolutionskunst. Den Freitag habe ich, glaube ich, frei.

14. April 2011. Theaterbesuch gestern fiel aus: Erstens war nicht das Guthrie-Theater gemeint, sondern das Mixed Blood Theater. Und zweitens stellte sich heraus, dass die Vorstellung ausverkauft war.

Immerhin haben wir das Gebäude des Guthrie-Theaters besichtigt. Es liegt direkt über dem Mississippi, neben einer zum Museum umgebauten ehemaligen Industriemühle. Ein wirklich grandioser Bau mit mehreren Bühnen, Restaurants, irren Aussichtsplattformen. Jedoch, was gerade auf der Bühne läuft (man kann es auf fernsehergroßen Bildschirmen im Foyer beobachten): *Arsen und Spitzenhäubchen*, biederste Theaterkultur.

Heute war ich mit dem (demokratischen) Senator im Kapitol. Der Senat tagte gerade. Man konnte, wie im Bundestag, vom Rang aus, allerdings ohne vorherige Durchsuchung oder Kontrolle (!), die Redner beobachten, die von ihren Plätzen aus sprachen. Der Senator zeigte mir das Haus, die Bildergalerie, erzählte Anekdoten über verschiedene Gouverneure und rannte zwischendurch in den Saal, um abzustimmen. Den Verlauf der Abstimmung konnte man draußen auf Bildschirmen verfolgen, jeder Senator war aufgelistet wie ein Zug auf einer Bahnhofsanzeige, dahinter Ja oder Nein. Die Parteien der jeweiligen Senatoren waren auf der Liste *nicht* angegeben. Offenbar will man die Person und die persönliche Entscheidungsfreiheit betonen. Allerdings fällt die Abstimmung dann doch klar nach Fraktionszugehörigkeit aus.

Interessant: Vor der Tür des Senats lungern Massen von Lobbyisten herum, auch alle möglichen Normalbürger, darunter Schüler, die den Senatoren irgendwas mitzuteilen haben oder von ihnen wissen wollen. An einem kleinen Tisch kann man auf gelbe Zettel schreiben, welchen Senator man sprechen will, dann geht ein sogenannter Page durch eine Seitentür und übergibt den Zettel. Im Allgemeinen kommen die Senatoren heraus, wenn sie Zeit haben. Auch werden bei dieser Gelegenheit ganz öffentlich Schecks mit Spenden der Industrie übergeben.

15. April 2011. Gestern im Studententheater der Uni Minneapolis, zu einer Adaption der Sinclair-Romane *Oil!* und *Jungle*.

Zwei Dinge sind berichtenswert. Zum einen, dass ich hier in den Staaten, wo ich auf lauter borniertе Antikommunisten zu stoßen fürchtete, immerzu mit dem Gegenteil konfrontiert bin. Jedenfalls waren die Zuhörer aller meiner Lesungen bisher immer äußerst aufgeschlossen, gingen sehr differenziert mit dem Kommunismusbegriff um; der Historiker Hy Bergman sprach bei der öffentlichen Lesung von den Verdiensten der amerikanischen Kommunisten im sozialen Bereich usw., im Nachbarstaat Wisconsin gab es vor wenigen Wochen große Arbeiterproteste gegen den Sozialabbau (von denen im deutschen Fernsehen nichts zu hören war, soweit ich mich erinnere). Und die Studenten spielen Stücke des Kommunisten Sinclair mit – man kann es nicht anders sagen – geradezu propagandistischem Inhalt.

Die Bühne hatte zwei Ebenen, auf der oberen gab es *Oil!*, das in der Oberklasse angesiedelt ist, und auf der unteren *Jungle*, die Geschichte einer litauischen Einwandererfamilie, die in den Staaten nur betrogen und ausgepresst wird (sie verhungern fast, das Kind stirbt, die Frau prostituiert sich), kurz, eine grausige, realistische Geschichte, von der ich angenommen hätte, dass sie heute in Amerika kaum noch spielbar sei. Aber es war faszinierend: viele Figuren in stark choreographierten Massenszenen (z. B. im Schlachthaus), die ganze Inszenierung war überhaupt hoch stilisiert, durchkomponiert und -choreographiert, keine Bewegung zufällig, fast ein Tanz alles, aber kein willkürliches «Gezappel», sondern klar, konzentriert, mitunter auch komisch, grotesk, keinesfalls naturalistisch, mit vielen winzigen Einfällen, fast akrobatischen Nummern und komplizierten, mehrstimmigen litauischen Volksliedern.

28. April 2011. Am Sonntag, meinem letzten Tag in Minneapolis, treffe ich mich noch mit Tom, dem Übersetzer des Probekapitels für die Lesungen. Eigentlich ist er Anwalt im Ruhestand, ein wenig älter als ich. Wir sprachen über seine Kindheit in Minneapolis. Tom, der in einer «besseren» Gegend aufgewachsen ist, erzählte, dass sie als Kinder einander «Nigger» schimpften. Wirklich gesehen hat er seinen ersten «Nigger» mit dreizehn.

Seltsame Nebeneffekte der Aufhebung der Apartheid: Als die Quotenreglung für amerikanische Schulen durchgesetzt wurde, begann das *bussing* oder *desegregation bussing*: Die Schüler wurden von einem ethnisch meist einheitlichen Stadtteil zu einem anderen gefahren. Die *neighborhoods*, deren Zentrum früher, laut Tom, die Schulen gebildet hatten, sind praktisch zerfallen. Und auch die verbreitete Fettleibigkeit amerikanischer Kinder steht, wie Tom meint, mit dem *bussing* in Zusammenhang.

Auch interessant: Toms Erinnerungen an die Kuba-Krise. Ich erinnere mich noch daran, wie wir als Jungpioniere in der DDR Unterschriften gegen die USA sammelten, an eine Kinderzeichnung (nicht meine), auf der eine Atombombe über Kuba schwebt. (Was, frage ich mich heute, passierte eigentlich mit den Unterschriften der DDR-Bürger? Wohin wurden sie geschickt?)

Tom erzählt von einem Gottesdienst, bei dem der Pfarrer mit Grabesmiene den Ernst der Lage schilderte. Auch berichtet er von Atomschlag-Übungen in amerikanischen Schulklassen. An so etwas erinnere ich mich kaum, allenfalls an irgendwelche Merkzettel oder Broschüren zum Verhalten bei einem Atomschlag und an schlechte Träume – an solche erinnert sich auch Tom!

Kennedy-Ermordung: Tom berichtet von der plötzlichen Sympathie für Chruschtschow, der bei der Nachricht von Kennedys Ermordung die Hände vor das Gesicht schlägt.

Dies alles notiere ich schon in Boston, genauer gesagt, in Lynn, wo ich zum Abschluss der Reise für ein paar Tage Station gemacht habe, um meine Schwester zu besuchen. Vor sieben Jahren war ich schon einmal hier und in New York, und auch wenn ich mich erinnere, hin und wieder über eine verrostete Brücke oder über ein Auto gestaunt zu haben, das der TÜV in Deutschland längst von der Straße geholt hätte, schien mir das Land insgesamt doch ziemlich intakt und, was mich besonders in New York verblüffte, in einer Weise geordnet und diszipliniert, die jeden Preußen beschämte.

Vielleicht ist mein Blick getrübt vom Wissen um die Krise. Aber sieben Jahre später sieht Amerika irgendwie anders aus. Allenthalben sehe ich von Armut Blessierte, jeder Bus erscheint mir altmodisch und laut, und in der Vorortbahn von Lynn nach Boston komme ich mir vor wie im Polen der siebziger Jahre: Mehrere Türen sind kaputt, die Schaffner stehen vorn und hinten und dirigieren die Leute schreiend zu den funktionierenden Türen. Es sind gleich fünf Mann, die den Zug begleiten und mit regelrechten Knipszangen – wie früher der Schaffner der Straßenbahnlinie vier von Babelsberg zum Hauptbahnhof Potsdam – durch die Abteile gehen und die Fahrkarten knipsen. Beginnt so der Niedergang eines Weltreichs?

KUBA

Havanna, 10. Februar 2012. Vor drei Tagen in Kuba angekommen. Flug in der Comfort-Class von Air Berlin: meine erste Auslandseinladung nach dem Buchpreis. Die Kulturreferentin holt uns im Fahrzeug der Botschaft in Varadero ab. Gegen 23:00 Uhr kommen wir in Havanna an. Hotel Sevilla: Kolonialstil, pompös, überraschend gepflegt. Die Zimmer kosten zwischen 150 und 200 CUC, wie die konvertierbaren Pesos heißen (im Unterschied zu den «Volkspesos»). Ein CUC entspricht einem US-Dollar.

Jetzt sitzen wir im sogenannten VIP-Frühstücksrestaurant und schauen aus dem neunten Stock hinunter auf die Stadt. Wer VIP ist, habe ich den Kellner beim Betreten gefragt. Antwort: wer zehn CUC extra zahlt. Blick auf die Dächer von Havanna, wo jeder erdenkliche Schrott herumliegt. Kleine Hütten, Slum-Atmosphäre. Durch die sperrangelweiten Fenster und Türen kann ich weit unten in einen Klassenraum hineinsehen, in dem, unbehelligt vom brüllenden Autoverkehr, Pioniere in weißen Hemden an Schulbänken sitzen. Denke an meine erste Lesung gestern in der *Catedra Humboldt*: offene Fenster, brüllender Verkehr, Grummeln in den Nebenräumen und natürlich kein Mikrophon.

Vorgestern, am ersten Tag, hat uns Matthias, ein Student der Sozialwissenschaften, der mit einer Botschaftsmitarbeiterin verheiratet ist, durch Havanna geführt, vorwiegend durch die halbwegs intakte Hauptstraße – ich glaube, die Empedrado – zur Kathedrale. Unglaublich prächtige Häuser. Nicht zu vergleichen etwa mit México D. F., auch wenn der Verfall nagt. Kolonialstil, hauptsächlich aus dem 18. Jahrhundert. Jemand von der Botschaft hat mir erzählt, dass Havanna lange Zeit Sitz des spanischen Vizekönigs war, was ich aber nirgends bestätigt finde. Jedenfalls waren Havanna und ganz Kuba wichtige militärische und wirtschaftsstrategische Punkte bei der Eroberung der Neuen Welt, und die vergangene Größe sieht man der Stadt bis heute an. Ansonsten ist alles so, wie man es von Fotos und aus Filmen kennt: alte Ami-Schlitten, verfallende Straßen. Südländisches Leben. Was ist das: südländisch?

Matthias zeigt uns, wie gesagt, die Hauptgeschäftsstraße und den Parque Central ganz in der Nähe, dann fährt er uns mit dem nagelneuen Suzuki Vitara seiner Frau (nehme ich an) zum Essen in die Deutsche Botschaft. Diese liegt in Miramar, der feinsten Gegend. Vorbei am berühmten Malecón (jener Promenade, über deren Balustrade die Wellen schwappen), die aber zur Stunde grau und menschenleer ist – vielleicht ist es den Kubanern zu kalt. Dann die Quinta Avenida entlang, auf der man *mindestens* sechzig fahren soll.

Der Botschafter wohnt in einem weißen Haus, nicht mit Garten, sondern mit Park, wird bewacht von einer *Securidad*-Truppe und bedient von kubanischem Personal. Gleich in den ersten Minuten erzählt er, dass er nebenbei Bildhauerei betreibe! Ein leutseliger Mann, der sich entschuldigt, dass er uns dem Protokoll gemäß am Esstisch platzieren muss. Sieht Kuba natürlich kritisch, ist aber, wie alle Botschaftsangehörigen, auch gegenüber der Embargo-Politik der USA kritisch eingestellt.

Die Kulturreferentin hat uns erzählt, die USA hätten ihre

Zahlungsanweisung aus Deutschland an eine chilenische Umzugsfirma blockiert, weil im Verwendungszweck das Wort «Kuba» vorkam – es ging um ihren Umzug von Chile hierher. Eine ähnliche Geschichte erzählt nun der Botschafter, und er weiß zu berichten, dass es tatsächlich eine amerikanische Finanzkontrollbehörde gibt, die sämtliche Dollar-Überweisungen weltweit kontrolliert. Unglaublich!

Die Politikreferentin, die ihren riesigen Volvo übrigens aus Dubai mitgeschleppt hat, erklärt uns später, hier auf Kuba fungiere sie als Menschenrechtsbeauftragte der Bundesregierung, eine Funktion, die in Dubai, wo es durchaus schlimme Menschenrechtsverstöße gibt, nicht existierte.

Eine der Mitarbeiterinnen (nicht Angestellte, wichtiger Unterschied, wie sich herausstellen wird) ist eine ehemalige DDR-Bürgerin. Ursprünglich war sie Professorin an der Uni. Sie lebt schon seit dreißig Jahren auf Kuba, mit Unterbrechung in Moskau, wo sie auf Russisch über deutsche Autoren in der mexikanischen Emigration promovierte. Sie ist mit einem Kubaner verheiratet, der in Moskau Atomphysik studiert hat, um hier bei der Errichtung eines Atomkraftwerks mitzuhelfen, dessen Bau kurz vor der Vollendung eingestellt wurde, nachdem die Sowjetunion zerbrochen war.

Das Leben als Botschafter oder Botschaftsmitarbeiter scheint auf den ersten Blick nicht übel. Wohlhabend auf Kuba – was Besseres gibt es wohl nicht. Das Problem ist, dass das Auswärtige Amt seine Leute alle zwei bis vier Jahre versetzt, damit sie nicht, wie es im Jargon heißt, «verbuschen». Die ehemalige Professorin aus der DDR darf bleiben, weil sie eben *nicht* beim Auswärtigen Amt angestellt ist. Der sichtbare Unterschied: Sie fährt ein altes, klappriges Auto mit gelbem Privatnummernschild, während alle anderen in schicken, neuen Karossen mit schwarzem Botschaftskennzeichen herumkurven.

Havanna, 11. Februar 2012, morgens. Gestern Abend Empfang im Wohnhaus der Kulturreferentin: ein Palast! Hier wohnt die durchaus sympathische und anscheinend hochgebildete Frau zumeist allein, während ihr Mann das Goethe-Institut in México D. F. leitet. Früher haben sich die beiden die Stelle geteilt, erfahre ich später. Das Partnerproblem macht den Leuten vom Auswärtigen Amt zu schaffen. Die Scheidungsrate, erzählt mir der Botschafter, sei enorm. Die Partner versuchten, sich irgendwie in dem Nomadenleben einzurichten.

Der Frau des Botschafters scheint das gelungen zu sein: eine warmherzige, immer strahlende Person. Wenn sie aus Kuba rauskommt, sagte sie beim Essen tags zuvor, wird sie nie wieder Languste essen! (Beim Botschafter gab es, wie immer für Ehrengäste, Languste, die übrigens hervorragend war.) Schwerer scheint es der mitreisende Mann einer anderen Referentin zu haben. Er hat seinen Beruf (als Anwalt) zeitweise aufgegeben, kümmert sich um die Kinder. Den ganzen Abend rennt er mit einer dicken Havanna-Zigarre im Mund herum und probiert sämtliche Rumsorten.

Am gestrigen Vormittag waren wir mit Matthias auf der Buchmesse: Volksfest auf der angeblich größten Festung Lateinamerikas. In der *Granma*, der Parteizeitung (benannt nach dem Boot, mit dem Fidel & Co. Ende der 1950er von Mexiko nach Kuba gekommen sind, eine desaströse Aktion übrigens, mit vielen Todesopfern: Von circa neunzig blieben vielleicht zwanzig am Leben, die dann aber tatsächlich Kuba umkrempelten!) – in der *Granma* wurden stolz die ausländischen Aussteller aufgezählt. Viele sind links bis links-orthodox orientiert, zum Beispiel hat die *Junge Welt* einen Stand, auf dem sie allerdings fast nichts anzubieten hat außer zwei im SED-Insiderton geschriebenen Broschüren des ehemaligen DDR-Botschafters auf Kuba, Heinz Langer.

Die deutsche Botschaft stellt alle möglichen mehr oder weniger aktuellen deutschen Autoren aus, nur wenige davon in Spanisch. Mäßig besucht. Niemand interessiert sich hier für *Fama* von Kehlmann. Schlangen dagegen am Stand eines mexikanischen Verlags wegen ein paar Zeitschriften. Kein Wunder, sonst gibt es für Kubaner nur die Parteizeitung *Granma*.

Ein anderer mexikanischer Verlag präsentiert Krimis und Kinderbücher. Man kann viele der Bücher kaufen. Die deutsche Botschaft verschenkt zum Schluss alles. Wie sollte ein Kubaner mit einem Durchschnittsgehalt von monatlich umgerechnet zwanzig US-Dollar auch europäische Bücher kaufen? Ein für Kubaner bezahlbarer Verkaufspreis würde umgekehrt die Herstellungskosten kaum einspielen. Tatsächlich gibt es nur wenige Buchhandlungen mit wenigen Büchern – die meisten von oder über Fidel oder den allgegenwärtigen Heiligen, Che Guevara.

Wie in den USA und in Mexiko funktionieren die Toiletten auch hier nur mit ungeheurem Wasserverbrauch (und dann auch nur mäßig). Ist denn dieser ganze Kontinent nicht imstande, ein vernünftiges Klo zu konstruieren?

Havanna, 11. Februar 2012, vormittags. Eben von einem Morgenspaziergang zurück: Martina wollte den Wochenmarkt sehen. In der Frühe hat es geregnet, vielleicht roch es deshalb besonders stark aus den verfallenden Gassen und Häusern. Am ersten Tag haben wir nur die Prachtstraßen gesehen, aber sobald man ein paar Schritte davon abweicht – Ruinen, Löcher, kaputte Straßen. Man wundert sich, dass die Kubaner eine annähernd westeuropäische Lebenserwartung haben sollen. Mehrere Botschaftsmitarbeiter haben berichtet, dass hin und wieder Häuser zusammenstürzen, Menschen unter sich begraben, erst vor wenigen Tagen wieder. Es heißt dann, sie hätten illegal darin gewohnt ... Die allgegenwärtigen Bilder von Fidel (der zu ALLEM etwas zu sagen hat und zu allem schon etwas gesagt hat) und vom Heiligen Che beginnen, Aggressionen in mir auszulösen.

Trinidad, 14. Februar 2012. Seit vorgestern Abend in Trinidad, auf der karibischen Seite von Kuba. Wir fahren im Leihauto fünf Stunden, 350 Kilometer, mit einer Stunde Aufenthalt in Cienfuegos. Trinidad, mir vormals bloß aus dem Lied *Drinking Rum and Coca-Cola* (mit der wunderbar falschen Betonung *Cocá-Colá*) bekannt, ist einst durch Zuckeranbau reich geworden, später verarmt, heute und schon seit langem Touristenstadt. Man zahlt für jeden Furz, den man lässt, einen CUC. Quartier beziehen wir in einer *casa particular*, auf Vermittlung einer Botschaftsangestellten, denn auf Kuba ist jetzt Hochsaison, angeblich noch verschärft durch den «Ausfall» der arabischen Länder. 25 CUC die Nacht, plus Frühstück 4 CUC p. P., plus Auto-Bewachung durch den Nachbarn 2 CUC usw. Am Ende kaum billiger als ein Bed & Breakfast in Europa.

Die Stadt liegt am Fuße eines Gebirges, circa fünf Kilometer von der Küste entfernt. Einstöckige Häuser, nicht gerade pompös, im Zentrum aber hübsch verziert mit Säulenreliefs und Kolonialzeitschnörkeln an den Fassaden, kunstvolle eiserne Gitter vor den meist bodentiefen Fenstern, die sämtlich *keine Scheiben* haben (wie schon in Havanna). Überall ist alles offen, überall zieht es, und da wir am anscheinend kältesten Tag seit hundert Jahren anreisen (abends sind etwa zwölf Grad), frieren wir beim Abendessen auf der Dachterrasse sogar ein wenig, aber die Dachterrasse ist der einzige für Gäste vorgesehene Essplatz. Es gibt übrigens hervorragende Shrimps. Der Reiseführer behauptet, im benachbarten Cienfuegos befinde sich die größte Shrimpsfangflotte der Welt.

Auch wenn einige Häuser im Zentrum ordentlich angemalt und die Straßen nicht dreckig sind, wirkt die Stadt ärmlich: rauchende LKWs, amerikanische Oldtimer, Fahrrad-Rikschas, kleine *tiendas*, wo ein bisschen Obst, ein bisschen Fleisch verkauft wird, und vor allem Menschen, denen man Armut und Entbehrungen ansieht.

Was ich nachtragen muss: Zusammen mit Matthias und Sabine haben wir vor unserem Aufbruch nach Trinidad noch die Finca von Hemingway besichtigt, ein einstöckiges Kolonialstil-Schlösschen, das er angeblich vom Geld für die Verfilmung von *Wem die Stunde schlägt* gekauft hat – für 18 500 Dollar. Es liegt etwa eine Autostunde von Havanna entfernt, Riesen-Anwesen mit großem Swimmingpool und Tennisplatz (wo inzwischen Hemingways Boot *Pilar* geparkt ist). Eine in ihrer Begeisterung kaum zu bremsende Museumsangestellte erzählt uns, dass Hemingway täglich fünfzehn Daiquiri getrunken habe. Zum ersten Mal kommt mir der Gedanke, dass Hemingway, der ja auch immerzu, und zwar nicht immer auf interessante Weise, über das Trinken schrieb, Alkoholiker war. Warum er sich nach der Revolution, für die er angeblich sogar Geld spendete, in die USA zurückzog, um sich zwei Jahre später dort zu erschießen, kann uns die Museumsangestellte nicht zufriedenstellend beantworten: Wegen seiner «Krankheit», sagt sie.

Später trinken wir mit Sabine und Matthias im *Floridita*, einer der beiden Stammkneipen Hemingways, einen Daiquiri. Hier ist Hemingway nicht nur auf Fotos mit Fidel zu sehen, sondern sitzt auch als Bronze mit an der Theke. Auf der Getränkekarte ist er mit einem Glas Daiquiri abgebildet: ein alter Mann mit stark verfärbten Wangen und Säufernase.

Zurück nach Trinidad. Am ersten Tag haben wir vormittags die Stadt angeschaut, sind nachmittags ans Meer gefahren, netter Strand, trotz angeblicher Hochsaison ziemlich leer, das Wasser warm. Ich habe ein bisschen den Trotzki-Roman des kubanischen Autors Leonardo Padura gelesen (in Barcelona verlegt): insgesamt doch eher zäh biographisch, sodass man, was Trotzki betrifft, lieber gleich Isaak Deutscher lesen möchte; und was Ramon Mercader, den Mörder, betrifft, so weiß man nie, hat Padura das jetzt erfunden oder ist es recherchiert. In der DDR hätten wir so ein Buch mit großem Interesse gelesen, und so wird es auch den Kubanern gehen, sofern sie das Buch in die Hand bekommen.

Languste in einem offenen Restaurant am Meer. Warum ärgern mich die vier jungen Leute, die zwei Tische weiter sitzen? Offenbar sind sie aus einem anderen lateinamerikanischen Land: Jung, wohlhabend, ein bisschen zu laut, sie lachen – sind in Urlaubslaune, könnte man sagen, aber sie nerven mich, ungerechterweise, einfach weil sie so typische Urlauber sind, weil sie jung, weil sie dumm, weil sie oberflächlich sind? Oder weil ich sie dafür halte? Nein, sie sind nicht wirklich arrogant zu dem kubanischen Kellner, aber wenn ich an seiner Stelle wäre, ich würde sie hassen.

Abends in verschiedenen Kneipen Salsa und Rumba, auch ein bisschen afrikanische Musik – natürlich alles für Touristen, trotzdem einen Abend lang ganz schön. Aber – interessanterweise – nicht annähernd zu vergleichen mit der Musik der alten Männer vom *Buena Vista Social Club.*

Heute eine kleine Wanderung zu einem Wasserfall. Start in der Nähe von Topes de Collantes. Steiler Abstieg zum Salto de Vegas Grande. Urwald, der meiner Vorstellung vom Regenwald zumindest nahekommt. Interessant unterwegs eine kleine Finca, wo vor allem Kaffee angebaut wird. Fast scheint es, als würde der Kaffee hier wild im Wald wachsen. Überall zwischen den Bäumen sehen wir Leute etwas aufsammeln, vermutlich Kaffeebohnen, allerdings wächst außerhalb der kleinen Finca nur eine zweitklassige Sorte, wie uns der *campesino* in grüner Uniform erklärt. Aber auch innerhalb der Finca wachsen die Kaffeebüsche wild und chaotisch zwischen anderem Grünzeug, unter anderem sehen wir eine rotblühende Pflanze, deren Samen angeblich in die *maraca* kommen, die *Rumba-Rassel,* Alt-Deutsch. Auf einem kleinen Platz trocknet der *campesino* Kaffeebohnen, für den Eigenbedarf, wie er uns erklärt. Sie müssen dann noch gestampft, geschält und geröstet werden. Hauptsächlich liefert er aber an den Staat ab: Für dreizehn Kilogramm rohe, ungeschälte Bohnen bekommt er angeblich fünfundsiebzig Pesos (= drei Dollar). Uns verkauft er von seinem schwarz gerösteten, um nicht zu sagen: verbrannten Privatkaffee ein halbes Kilo für zwei CUC (= zwei Dollar), wobei sich das halbe Kilo als viertel Kilo erweist. Außerdem hält er Schweine für den Eigenbedarf. Die Finca scheint aber staatlich zu sein. Er wohnt offenbar nicht in der Holzhütte im Wald, sondern arbeitet hier nur.

Zwei Worte noch zu unserer Wirtin. Ihr Mann, der dicke Rico (circa vierzig) war mit einer Deutschen verheiratet (DDR?), die später wieder zurückgegangen ist. Seitdem gibt es offenbar Beziehungen nach Deutschland, die vielleicht den Grundstock für einen bescheidenen Wohlstand bilden, der nun durch die neuerdings genehmigte private Vermietung von Urlaubsquartieren stückchenweise vermehrt wird. Yaumara mag fünfunddreißig sein, eine früh verblühte Schönheit, die ihren neuen «Reichtum» ein bisschen zur Schau stellt: Wie Rico trägt sie Goldkettchen und schlimm bedruckte T-Shirts, vor allem aber Fingernägel, die sie als eine Frau ausweisen, die nicht mehr körperlich arbeitet. Tatsächlich kochen und servieren irgendwelche jungen, möglicherweise der Familie nahestehenden Frauen. Wie Yaumara selbst sieht auch das Haus aus, und das Gästezimmer, dessen einziges Fenster auf einen kaum meterbreiten Gang zwischen den Häusern hinausgeht: Schleifchen sogar am Duschvorhang, Goldrähmchen usw. Nichts mehr von karibischer Großzügigkeit, von südländischem *laissez-faire*. Traurig, was die Menschen mit ihrem bisschen Wohlstand anfangen.

17. Februar 2012. Zunächst in Richtung Schweinebucht, die ich seltsamerweise im Norden Kubas vermutete. Die Amerikaner hatten sie damals für ihre Invasionspläne ausgewählt, weil das Umland dünn besiedelt ist. Der Name ist übrigens ein Missverständnis, weil mit *bahía de cochinos* nicht die Bucht der Schweine, sondern der gleichnamigen Drückerfische benannt ist.

Das Gebiet um die Schweinebucht ist offenbar recht feucht, es wird viel Landwirtschaft betrieben, sogar Reis wird hier angebaut. Vor Giron zeigt ein Schild an, bis wohin die Invasoren gekommen sind, im Ort dann ein Museum zur Invasion, das wir uns aber ersparen. Stattdessen biegen wir an der Küste nach Osten ab, fahren entgegen unserer Zielrichtung zehn Kilometer zu einer kleinen Felsenbucht, in der man, so der Reiseführer, wunderbar schnorcheln könne.

Tatsächlich ist die kleine Bucht traumhaft. Nicht einmal die Tatsache, dass sie touristisch voll erschlossen ist, stört uns. Es ist unser letzter Tag, und wir wollen mal «richtig Urlaub» machen. Für 15 CUC Eintritt hat man sämtliche Getränke, Essen, Parken, Liegestuhlbenutzung inklusive, nur für die Schnorchelausrüstung muss man extra bezahlen, aber das lohnt sich. Sogar Martina ist am Ende begeistert. Schöne, kleine Unterwasserwelt, bunte Fische, die überhaupt nicht scheu sind, gerade, dass sie sich nicht anfassen lassen. Wie schön wäre es, wenn man auch noch Ahnung von diesen Fischen hätte! Drückerfische, erfahre ich nachträglich aus dem Internet, haben die Fähigkeit, sich mit den Flossen in Felsspalten festzuklemmen, während sie schlafen … Ich wusste nicht mal, dass Fische überhaupt schlafen.

Nach dem Essen zwei ausgezeichnete Mojitos in Plastikbechern (der Barkeeper zerstampft die Minze sorgfältig in der Zitrone). Mittagsschläfchen im Palmenschatten. Postkarte an den Verlag: Sozialismus ist toll, wenn man Westgeld hat! Und genau so ist es.

Wie soll man Kuba nun beurteilen? Keine Frage, dass die Revolution ihren Grund und ihren Sinn hatte. Batista war ein Diktator, den die USA, wenn nicht unterstützten, so doch tolerierten, und es ist ein Wunder und ein Triumph, dass Kuba sich von ihm befreit hat.

Aber nun ist der Sozialismus auf Kuba fünfzig Jahre alt, und man darf Bilanz ziehen. Dabei spielt das Embargo eine Rolle. Aber warum bleibt Kuba, wenn sein Bildungssystem so großartig ist, so stark von westlichem Know-how abhängig? Kuba war vor der Revolution eines der am weitesten entwickelten

Länder Lateinamerikas. Sein Klima ist günstig. Es sollte seine zwölf Millionen Einwohner gut ernähren können. Es sollte in der Lage sein, für seine Bürger menschenwürdige Lebensbedingungen zu schaffen.

Gewiss, auch in anderen lateinamerikanischen Ländern gibt es Armut, und vielleicht schlimmere. Kuba gewährt allen eine medizinische Grundversorgung, die nötigsten Lebensmittel und Bildung. Aber in den Neunzigern, in der Zeit der großen Krise, haben die Leute sogar gehungert. Wo sind die neuen Werte? Wo ist das neue Leben? Wo ist das Glück? Das, und nicht weniger, hat der Kommunismus versprochen.

Stattdessen noch immer politische Indoktrination, Inszenierungen der Macht und die typische, im Kommunismus niemals überwundene Orientierung am Westen. Vielleicht wäre Kuba mit seinem Klima und seiner Insellage wirklich ein geeigneter Ort gewesen, um etwas anderes auszuprobieren?

PARIS

Juni 2012

Drei Tage Paris. Regen, kühl. Die Stadt vor allem aus dem Taxi gesehen. Der Verlag hat unendlich viele Interviews und Essen mit Journalisten organisiert, die er für einflussreich hält. Das Essen ist, natürlich, immer gut. Was mir zum ersten Mal wirklich auffiel: wie eng Paris ist. Und wie klein alles! Die Straßen sind klein, die Hotelzimmer sind klein, die Restaurants, Tische und sogar die Stühle.

KURISCHE NEHRUNG
....
Juli 2012

Es gibt die Sage von der Riesin Neringa, die die Nehrung zum Schutz der Fischer gegen einen rasenden Meeresgott entstehen ließ.

Und es gibt einen Film von Volker Koepp, der die Kurische Nehrung als ein verwunschenes, abgelegenes Land zeigt. Die Landschaft scheint eine einzige Düne zu sein. Die linkischen Bewohner haben noch gestern Krähen gegessen. Volker Koepp bewegt sich, wie immer, durch eine Art Echtzeit-Kontinuum, das die Welt unendlich langsam und die Erzählung unendlich wahrhaftig erscheinen lässt.

Die kurische Enttäuschung besteht darin, dass sich die von der Landkarte geschürte Erwartung niemals erfüllt. Man erlebt die Nehrung nie. Man sieht entweder das Haff oder das Meer oder den alten Dorfkern von Nida; man kann Sanddünen besichtigen (die wenigen, die anscheinend für die Touristen übriggelassen wurden); man kann stundenlang geradeaus durch den Wald radeln, der irgendwann Ende des 19. Jahrhunderts gepflanzt worden ist, um das Wandern der Nehrung zu stoppen (angeblich haben die bösen Russen im Siebenjährigen Krieg alle Bäume abgeholzt, um sie nach England zu verkaufen). Und auch an den wenigen Punkten, von denen aus man gleichzeitig das Meer und das Haff sieht (und an denen Volker Koepp offenbar gedreht hat), bekommt man kein Gefühl für das Verhältnis von Breite und Länge, man spürt nicht die Form der Nehrung, ihre fragile geographische Lage.

Was bleibt, wenn man diese Enttäuschung überwunden hat? Ein menschenarmer, mächtiger Strand, der sich gegen den Nordwest stemmt, der hier über die ganze Breite der Ostsee heranweht. Auf der Haffseite die falunroten Holzhäuschen. Einhundertdreißig Jahre alte Krüppelkieferwälder, kaum höher als drei Meter, aus deren Tiefe die abgestorbenen Äste silbergrün schimmern. Kleine Restaurants am Wasser, in die auch der sanfteste Tourismus – in Nida herrscht Bauverbot, immerhin! – noch genügend Leute spült, die am Nachbartisch telefonieren, ihre Anschauungen über alles und jedes verbreiten oder öffentlich an ihren Kindern herumerziehen. Und oben, auf dem Hügel am Wasser, das Sommerhaus, das Thomas Mann 1930 hier hat erbauen lassen, obwohl das Klimas rau und das Wetter wechselhaft ist, und obwohl Nida zwei Tagesreisen von München entfernt liegt. Ich weiß nicht, den wievielten Teil seines gerade erhaltenen Nobelpreises er hier verbaut hat. Viel hat er jedenfalls von seinem Haus nicht gehabt. Dreimal war er hier, bevor er vor den Nazis nach Amerika fliehen musste.

Wenn ich der Reihe nach erzählen würde, müsste ich damit anfangen, wie uns ein gewisser Herr W., ein in Litauen wohnender deutscher Reiseveranstalter, der das Thomas-Mann-Festival durch eben solche Transferleistungen sponsert, im Fährhafen von Klaipeda abholt und auf den postsowjetischen Straßen nach Nida kutschiert. Meine erste Frage, nämlich nach dem Verhältnis von Litauern und Russen, empört ihn fast. Aus unerfindlichem Grund legt er Wert darauf, das Verhältnis als vollkommen unproblematisch darzustellen. Den Rest der Fahrt belehrt er uns über Litauen, Klaipeda und die Kurische Nehrung, wobei er immer in der ersten Person Plural spricht, offenbar um sich als Einheimischer oder Fast-Einheimischer zu präsentieren, allerdings wirkt sein ständiges «wir» und «unser» auf mich wie Eroberungsgebaren. Auch dass er wie eine gesengte Sau über die Chaussee rast, erklärt er damit, dass «wir hier so fahren».

Was erfahren wir sonst von ihm? Dass es eine Bernstein-Bucht gibt, die von den Litauern irgendwann (beim Anrücken der Deutschen, der Russen?) geflutet wurde. Dass vor einigen Jahren, nach einer Brandstiftung, etliche Quadratkilometer des hier schwer anwachsenden Waldes niederbrannten und dass die litauischen Grenzbehörden die Feuerwehr vom südlichen, russischen Teil der Nehrung wegen fehlender Visa nicht passieren ließen. Und dass die Russen ihrerseits litauische Ausflugsdampfer nicht in den russischen Teil des Haffs lassen.

Und dass *Wowereit* aus dem Litauischen kommt und Eichhörnchen heißt – was wir aber schon wussten.

In den vier Tagen, die wir in Nida verbringen, tun wir, was alle Touristen tun: Wir sitzen am Strand, fahren mit dem Fahrrad zur großen Düne, steigen zum Obelisken hinauf und schauen auf den Sand hinunter, der irgendwann einen Teil von Nida begraben hat. Wir besichtigen dieses und jenes Museum. Wir essen frittiertes Zanderfilet – diese Art, Zander zu verderben, scheint in allen Anrainerstaaten der Ostsee beliebt zu sein. Hier verdirbt man ihn zusätzlich mit Pilzen.

Interessanter sind die sogenannten *Zeppelins* (ein Wort, das, so wird uns erzählt, zur Rettung der Nationalsprache aus den Speisekarten verbannt und durch ein unaussprechliches litauisches ersetzt werden soll – bisher erfolglos). Zeppelins sind längliche, mit Schweinefleisch gefüllte Klöße, sehr sahnig, sehr speckig alles – jawohl, Sahne *und* Speck –, wunderbar. Wieder frage ich mich beim Verspeisen dieses hochprozentigen Milchprodukts, wieso es in Deutschland alles gibt, nur nichts, was den Namen saure Sahne verdiente. Interessant auch der kalte Borschtsch, Saltibarscai, mit Roter Beete. Oder das gebratene, in frittenförmige Stücke geschnittene Brot, das man mit Knoblauch oder Käse vertilgt, vorzugsweise zum Bier oder auch zum Kwas, der hier Gira heißt – aber im Vergleich mit dem Brotgetränk, das es früher in Russland gab, immer zu süß, zu sehr auf den Geschmack der Touristen berechnet ist.

Einmal gehen wir abends zu einem Konzert, das im Rahmen des Thomas-Mann-Festivals, zu dem ich mit einer Lesung geladen bin, stattfindet, und zwar in einer kleinen evangelischen Kirche. Es gibt unter anderem Chormusik eines litauischen Komponisten. Dirigiert wird der professionelle Chor von einem Mann, den man für den Buchhalter eines mittelständischen Autozulieferers halten könnte – bis das Konzert beginnt. Von der ersten exakten, fast herrischen Geste an, mit der er die Choristen zum Aufklappen ihrer Notenbüchlein veranlasst, entpuppt der Mann sich als ein Besessener, dessen Hände die Musik in fast obszöner Hemmungslosigkeit in die Luft hineinformen. Ein hervorragender Chor. Übrigens soll jeder vierte Litauer in einem Chor singen, wenn der Reiseführer nicht lügt.

Auch Kino gibt es im Rahmen des Festivals, das dieses Jahr unter dem Motto «Verführtes Denken» steht. In einer ehemaligen Lagerhalle sehen wir an einem Abend Frank Beyers Wendefilm *Nikolaikirche*, an einem anderen *Wir spielten die Revolution*, einen Dokumentarfilm, der zur selben Zeit in Litauen spielt. Bemerkenswert: Während man nach Beyers Film glauben muss, die Wende verdanke sich der Gemeinde der Nikolaikirche und ihrem Pfarrer, so beschwört der litauische Film, dass die Wende nicht denkbar gewesen wäre ohne den sogenannten Rock-Marsch durch Litauen, insbesondere nicht ohne die Band ANTIS (übrigens sehr schöne Musik) und ihren in Litauen legendären Frontmann. So hat jedes Volk seinen Glauben und seine Legenden.

Ich weiß nicht, ob es an meiner internationalistischen Erziehung liegt oder an meiner latenten Zugehörigkeit zu zwei Nationen: Alles Nationalistische verstimmt mich. Gewiss ist der Nationalismus kleiner Völker verzeihlicher und verständlicher als der der großen – obwohl man auch das in Frage stellen kann, wenn man beispielsweise an die Pogrome denkt, die es in allen baltischen Ländern nach dem Einmarsch der Deutschen gab. Zumindest ist jedoch verständlich, dass der Freiheitsdrang eines kleinen, ohnmächtigen Volkes, das jahrzehntelang von der russischen Großmacht besetzt war, dem eine kommunistische Diktatur aufgedrückt wurde, dessen Söhne und Töchter während der Stalinzeit deportiert und ermordet worden sind – dass dieser Freiheitsdrang im Gewand des Kampfes um nationale Unabhängigkeit daherkam, dass er nationalistische und antisowjetische Züge trug. Und dennoch war mir das nationale Element in dem litauischen Dokumentarfilm prekär, waren mir die litauischen Fahnen zu präsent, war mir die litauische Heldenhymne zu pathetisch. Bilde ich mir nur ein, dass das Gejohle, das nach dem Film in dem überfüllten Lagerraum ausbrach, genau diesen Ton des Films aufnahm?

Eine Kuratorin des Festivals, Historikerin und Kennerin der baltischen Staaten, erzählt uns von antisemitischen Tendenzen in der Nachwende-Ära. Unterschwelligen Antisemitismus hat es allerdings schon vor der Wende gegeben: Die Täter verzeihen ihren Opfern nie.

Was uns die Kuratorin noch erzählt: dass die Protagonisten des Volker-Koepp-Films nachträglich sehr unglücklich waren. Sie fühlten sich bloßgestellt und bedauerten, in dem Film mitgewirkt zu haben. Zum ersten Mal frage ich mich, ob die Koepp'sche Methode des «Draufhaltens, bis der Protagonist verhungert», die ich bisher für eine Methode zur Erzeugung dokumentarischer Wahrheit hielt, wirklich fälschungssicher ist. Es hat mit dem Unterschied zwischen Echtzeit und Filmzeit zu tun. Mit dem Blick der Kamera, die eben nicht das Auge ist. Damit, dass die Wahrheit sich nicht einfach abbilden lässt.

Wenn man in Nida Essen bestellt, schätzt man zuvor das Alter der Kellnerin ab – dann entscheidet man, in welcher Sprache man sie anspricht. Die Sprachgrenze liegt irgendwo in den Dreißigern. Das Englische beginnt das Russische zu verdrängen. Mir fällt ein, was Aljoscha, der ehemalige Afghanistan-Kämpfer, der inzwischen am Alkohol zugrunde gegangen ist, auf die Frage antwortete, wie seine Vorgesetzten den Einsatz in Afghanistan begründeten: «Wo wir nicht sind, sind die Amerikaner.» – Der Gerechtigkeit halber muss man sagen: Die Amerikaner sind noch nicht auf der Kurischen Nehrung. Aber ihre Kultur ist, wie überall auf der Welt, auf dem Vormarsch.

Der Fahrer, der uns zurück nach Klaipeda fährt, ist in meinem Alter und spricht noch Russisch. Obendrein stellt sich heraus, dass er als Wehrpflichtiger drei Jahre in der sowjetischen Nordmeerflotte in Seweromorsk gedient hat. Wenn er sich, so sagt er, an die Waffen erinnert, die er dort gesehen hat und die imstande gewesen wären, das Leben auf der Erde dreimal zu vernichten, dann ist ihm heute noch schleierhaft, wie sich sein kleines Volk aus dem Griff der Weltmacht befreien konnte.

Trotzdem hegt der Mann anscheinend keinerlei Hass gegen die Russen. Offenbar hat die – gewiss schwere – Dienstzeit sogar zu einer gewissen Identifikation mit der Sowjetarmee geführt. Jedenfalls erzählt er mit einer Mischung aus Stolz und Abscheu von Manövern, bei denen drei Prozent Verlust eingeplant waren, von Senkrechtstartern, die das Deck der Flugzeugträger zum Glühen brachten und deren Treibstoff zur Hälfte schon für den Start- und Landevorgang draufging; von nächtlichen Alarmen, denen sie wegen sich nähernder, und zwar angeblich immer deutscher U-Boote ausgesetzt waren – obwohl man annehmen sollte, dass die BRD damals, um 1974, nicht an solchen Aktionen beteiligt war. Das Feindbild der im Zweiten Weltkrieg zu sich gekommenen Armee war noch immer deutsch, auch wenn sich die wirkliche Konfrontation längst zwischen der Sowjetunion und den Vereinigten Staaten abspielte.

Was er auch erzählt: dass unter den hunderten Schiffswracks, die zwischen Seweromorsk und Murmansk am Ufer lagen, auch der berühmte Atomeisbrecher LENIN war – obwohl der in den DDR-Schulbüchern dieser Zeit (oder zumindest noch kurz davor) als strahlendes Beispiel für die technische Überlegenheit der Sowjetunion figurierte.

Obwohl der Mann über die Befreiung von der sowjetischen Vorherrschaft nach wie vor glücklich ist, fällt seine Einschätzung zwanzig Jahre nach der Litauischen Revolution eher nüchtern aus. Offenbar hat Litauen die typischen Probleme osteuropäischer Länder. Die Preise sind, das haben wir zumindest in Nida zu spüren bekommen, praktisch dieselben wie in Deutschland.

Aber seine Frau, die Direktorin an einer Grundschule ist, verdient fünfhundert Euro im Monat. Litauen hat keine Bodenschätze, kaum eigene Industrie. Und auch die Landwirtschaft kann offenbar kaum mit den europäischen Importen konkurrieren. Die holländischen Tomaten in den Regalen des Supermarkts sind halb so teuer wie die litauischen. Die Leute kaufen sie, weil sie sparen müssen. So schafft Armut Armut. Manchmal kommt mir die EU vor wie eine einzige Sparmaßnahme. Nur wüsste man gern, wofür wir eigentlich alle sparen. Oder muss man fragen: Für wen?

In Klaipeda verbringen wir noch den Tag bis zum Abend. Die Hafenstadt ist mit 200 000 Einwohnern schon die drittgrößte Stadt Litauens. Das historische Zentrum ist hübsch herausgeputzt. Der Taxifahrer, der uns später zum Fährhafen bringt, erzählt uns, als wir unterwegs ein Meer von Blechgaragen sehen, dass man alle Bürger verdonnert hat, ihre Garagen aus der Innenstadt zu entfernen. Eigentlich ist Hochsaison, aber die Straßen der Altstadt sind leer. Wer will auch in Klaipeda Urlaub machen? Zwei, drei Reisegruppen treffen wir immerhin, eine davon besteht aus Amerikanern, die mit Audioguide um den Hals von Heldendenkmal zu Heldendenkmal wandern: auf den Spuren der Vorfahren? Der Heimattourismus hat jedenfalls einen großen Anteil am Gesamtaufkommen, so wird uns erzählt. Kein Wunder bei all den Vertriebenen und Ausgewanderten und Verfolgten und wieder Vertriebenen – man ist sich oft kaum bewusst, wie sehr die europäische Geschichte des letzten Jahrhunderts einer Völkerwanderung gleicht.

Zu sehen gibt es in Klaipeda eigentlich nichts. Ein Leinen- und Bernstein-Museum umgehen wir weiträumig. Es gibt eine alte Post, die durch die Aufschrift «Alte Post» als solche zu erkennen ist. Es gibt das Denkmal für Simon Dach, den die meisten Neuberliner vermutlich aber für den Erfinder der öffentlich zu tragenden Bierflasche halten werden (der aber in Wirklichkeit der Dichter des «Ännchens von Tharau» ist). Es gibt eine Synagoge am Rande der alten Stadt: ein graues, barackenähnliches Gebäude, das – anders ist es kaum zu erklären – nach der Zerstörung der alten Synagoge später, während der Sowjetzeit, provisorisch neu errichtet worden ist. Wenigstens muss man nicht befürchten, dass es Neid erzeugt.

Wir streifen ein bisschen durch die Stadt, verbrauchen, wie es am Ende einer solchen Reise üblich ist, unser letztes Geld in Restaurants. Ich schreibe ein bisschen Tagebuch. Schöne Zeit eigentlich: diese leeren Stunden vor der Abreise – falls man sie nicht auf dem Flughafen verbringt. Gut, dass wir uns für die Fähre entschieden haben.

AMSTERDAM, BRÜSSEL
September 2012

6. September 2012. Komme aus Amsterdam und Brüssel, wo das Buch gerade erschienen ist: Interviews, Lesungen. Kann mich kaum noch selbst reden hören. Sollte es als Englischübung auffassen.

In Brüssel mit einem Vertreter und Jaclyn von der Marketingabteilung auf dem großen Marktplatz gesessen und mich schwach erinnert, schon mal hier gewesen zu sein. Der einzige Moment des Luftholens.

Amsterdam war wieder wundervoll. Die alten Backsteinhäuser, die Barockgiebel mit den Flaschenzügen, die Grachten, aber auch die liberale Tradition, die sich keineswegs darin erschöpft, dass die alte Kirche von Schaufenstern mit Prostituierten umgeben ist und dass es im Coffeeshop noch immer Gras gibt. Es ist noch was anderes, Atmosphärisches, und ich überlege, was die Stadt von Berlin unterscheidet. Auch Berlin ist «liberal». Aber womöglich ist Amsterdam weniger separiert. In dem vergleichsweise kleinen Zentrum findet alles gleichzeitig statt, treffen alle aufeinander, während Berlin zerfällt. Wahrscheinlich gibt es auch in Amsterdam sehr unterschiedliche Bezirke, aber das Zentrum ist eine übersichtliche, mit dem Fahrrad befahrbare Einheit. In Berlin dagegen die verschiedensten Teilungen: Es gibt noch immer Ost und West, es gibt die noblen und die ehemaligen Arbeiterbezirke, die jetzt türkisch sind oder, wie Kreuzberg, atmosphärische Spuren der Altachtundsechziger tragen, es gibt das Hansaviertel oder den winzigen Elberfelder Kiez, die Ku'dammumgebung mit reichen Russen und das alteingesessene Charlottenburg, und alle liegen meilenweit auseinander. Und schon bin ich wieder bei meinem neuesten Luxusproblem: Wohin? Wo eine Wohnung kaufen?

HELSINKI

Schreckliche Tage. Notebook im Flugzeug aus Helsinki vergessen, seitdem endlose Versuche, es wiederzubekommen. Zunächst findet man bei der Lufthansa nur eine einzige Servicenummer, dort geben sie einem eine weitere, mit der man, ich würde es nicht glauben, wenn ich es nicht selbst erlebt hätte, bei Fujitsu in Portugal rauskommt. Die «Cleaning-Abteilung» (schon für das Wort müsste man sie schlagen) ist «outgesourct»: Es besteht praktisch kein Kontakt zwischen dem Fundbüro und denen, die nach der Landung den Müll aus der Maschine sammeln. Mitarbeiter der Lufthansa erzählen mir hinter vorgehaltener Hand, dass die Mitarbeiter der «Cleaning-Abteilung» so gehetzt seien, dass sie Fundsachen gelegentlich einfach in den Müll schmeißen, um keinen Aufwand damit zu haben.

Nächstes Problem: Die Wiederherstellung der Dateien funktioniert nicht, jedenfalls nicht so, wie sie funktionieren sollte. Ein Knopfdruck, so hat es geheißen, und alle Ihre Dateien sind wieder da – dank Rescue & Recovery! Pustekuchen. Zumindest die verschlüsselten Dateien sind nicht wiederherstellbar. Natürlich an Lenovo geschrieben, dort angerufen, mit einer sogenannten Hotline gesprochen, zweimal, und zwar stundenlang, beim Fachhändler gewesen – nichts.

Das Notebook habe ich vor zwei Wochen verloren. Seitdem beschäftige ich mich mit dem ganzen Mist, sitze stundenlang vor dem Computer und warte auf den Abschluss von Wiederherstellungsroutinen, fahre zum Fachhändler, telefoniere, schreibe wütende Briefe an Vorstände (ohne jeden Effekt). Mit der Bahn streite ich mich ebenfalls gerade herum, weil man mir eine nicht bestellte Bahncard zugeschickt hat – angeblich stand im Kleingedruckten, dass sie automatisch verlängert wird. Sie hoffen einfach darauf, dass jemand etwas übersieht oder vergisst. Das ist wirklich alles widerwärtig.

Zu allem Überfluss, aber ganz typisch in solchen Situationen, habe ich auch noch die Grippe bekommen. Glücklicherweise hat das Schlimmste nur zwei Tage gedauert. Am dritten Tag hatte ich eine Lesung, und siehe da, ich bin wieder einigermaßen gesund.

Der Helsinki-Besuch – ich hatte im Flugzeug angefangen, ein paar Notizen darüber zu machen – ist auf diese Weise schon in weite Ferne gerückt und von den nachfolgenden Ereignissen infiziert und verfinstert. Wenn ich mir Mühe gebe, erinnere ich mich daran, dass das Wetter in den ersten zwei Tagen überraschend angenehm war. Praktisch vom Flugplatz weg wurde ich vom Leiter des Goethe-Instituts zum Empfang des Botschafters anlässlich des Jahrestags der Wiedervereinigung gefahren. Ich war, glaube ich, der Einzige unter vielleicht dreihundert Leuten, der Jeans trug. Der Botschafter begrüßte jeden, verlor mir gegenüber ein paar freundliche Worte über meinen Roman, hielt anschließend eine kleine Rede, in der er allen möglichen Leuten für alles Mögliche dankte, die *Rolle der Bedeutung der Entwicklung* der deutsch-finnischen Beziehungen hervorhob usw. Dann gab es ein bisschen Sekt und Fingerfood – und das war's eigentlich. Gewiss wird es auf der informellen Ebene einige Kontakte gegeben haben, man wird diese oder jene Information ausgetauscht haben, aber im Großen und Ganzen frage ich mich doch: Wozu? Ich habe mich jedenfalls tödlich gelangweilt. Eine Dame vom Goethe-Institut stellte mich einigen Leuten vor, unter anderem einem in Finnland lebenden deutschen Schriftsteller, einem verkleideten Waldschrat, der in Schlesien (oder jedenfalls im Osten) geboren wurde und den es, wie er mir erklärte, deswegen, nämlich wegen des Gefühls, in den Osten Europas zu gehören, nach Finnland gezogen habe ... mhm. Mich rettete Stefan Moster, ein ebenfalls deutscher Autor, der in Finnland lebt und der meine Lesung moderieren soll. Aber er ist nicht nur Autor (wurde gerade für den Bachmann-Preis vorgeschlagen), sondern Literatur-Profi, Übersetzer, Kritiker – ein kluger, gebildeter Mensch, vor dem ich alle Hochachtung habe, wenngleich er in seiner alles ein bisschen abwiegelnden und heruntermachenden Professionalität auch mein Buch unterschwellig heruntermacht, indem er die Möglichkeiten eines Verlages wie Rowohlt überschätzt (scheint eine typische Reaktion zu sein, dass die Leute meinen Erfolg auf den Verlag schieben – als könnte dieser aus einem völlig Unbekannten auf Knopfdruck einen Buchpreisträger und Bestsellerautor machen).

Wir verdrücken uns zusammen mit seiner netten finnischen Frau (ebenfalls Übersetzerin) von der Veranstaltung, fahren ein bisschen durch das nächtliche Helsinki und gehen in eine angeblich typische Kneipe essen. Ich esse Rentier. Lieber hätte ich Heringe gehabt, die sind aber aus.

Zum ersten Mal höre ich durch Stefan von Sofi Oksanen, dem finnischen Fräuleinwunder, einer inzwischen Fünfunddreißigjährigen, die mit *Fegefeuer* einen Welterfolg gelandet hat. Im Augenblick lese ich das Ding übrigens – nicht dumm konstruiert, fast thrillerhaft spannend und thematisch kühn, breit angelegt: von der russischen Fremdherrschaft in Estland (sie kommt daher) bis zum Mädchenhandel in der Neuzeit, übrigens wieder durch die bösen Russen.

Hier liegt eine Schwierigkeit, denn das Buch ist eigentlich rassistisch, nicht nur dadurch, dass die Russen grundsätzlich als Schweine und stinkende Untermenschen dargestellt werden, sondern auch dadurch, dass die deutsche Besetzung Estlands vollkommen kritiklos als *Befreiung* dargestellt wird. Kein Wort von Pogromen und Kollaboration. Alles Deutsche ist prächtig, sogar das Klavier, an dessen Füßen die in Russland aufgewachsenen (also verwahrlosten) Esten ihre Schafe anbinden: «Ein schönes, deutsches Klavier!»

Zurück nach Helsinki. Am nächsten Morgen treffe ich den jungen, freundlichen Verleger von *Atena* in der Hotel-Lounge, gebe eine Reihe von Interviews für Zeitungen, Funk, Fernsehen (das finnische Fernsehen bringt sogar was in den Abendnachrichten). Zwischendurch gehen wir essen.

Der nächste Tag läuft im Prinzip genauso ab – oder waren es zwei Tage? Ich erinnere mich an eine Lesung im Goethe-Institut, bei der wieder einmal, zur Verwunderung der Angestellten, noch mehr Stühle bereitgestellt werden müssen. Und am letzten Tag, nach einem öffentlichen Interview in der größten Buchhandlung Helsinkis habe ich ein paar Stunden Zeit, durch die Stadt zu streunen. Wie ist sie?

Ein bisschen wie Stockholm, das ich ja auch kaum kenne, aber der Eindruck ist ähnlich: nordisch, am Meer und in den Fels gesprengt. Aber auch ein bisschen wie Berlin: eine junge Stadt, kein mittelalterliches Straßengewirr, alles weitläufig, breit, hoch.

Der Unterschied: Helsinki ist nicht durch den Krieg zerstört worden. Akkumulation von Kapital und Kultur. Kommt es daher, dass mir hier die mächtigen Konsumpaläste mehr ins Auge fallen? Man hat den Eindruck, dass neunundneunzig Prozent aller Gebäude und Anlagen dazu dienen, den Leuten irgendetwas zu verkaufen. Der Kommerz ist Stadtbild, wie eigentlich überall.

Sehr hübsch ist der kleine, alte Hafen mit dem Marktplatz und der alten Markthalle. Aber auch hier, wie könnte es anders sein, ist die Atmosphäre ein wenig verdorben durch die offenkundig auf die Touristen abzielenden Fressstände und Souvenirläden.

Gegen Abend gerate ich (immer zu Fuß) auf die andere Seite von Helsinki. Plötzlich wird es proletarisch. Dann tauchen ein paar Thai-Massage-Salons und Erotikshops auf. Das Leben dazwischen geht ganz normal weiter: skandinavische Freizügigkeit.

Das war eigentlich schon alles, was ich aus Helsinki zu berichten habe. So sind diese Kurzreisen: Man redet sich den Mund fusselig, man lässt Lob und Bewunderung über sich ergehen (und versucht, sein eitles Wohlgefallen darüber zu verbergen). Lesungen mit anschließendem spätem Essen. Bauchkneifen. Einsame Spaziergänge durch eine fremde Stadt. Und am Ende, wenn man dann in sein kaltes Hotelbett sinkt, immer ein Gefühl leichter Enttäuschung.

KOPENHAGEN
....
November 2012

Was ich noch nirgends gesehen habe: ein betrunkenes, leicht verwahrlostes und vor allem: öffentlich zärtliches asiatisches Paar; nicht mehr jung, der Mann mit dem grauen Fusselbart hat Schwierigkeiten, die richtige Taste zu treffen, als das Telefon klingelt, er drückt immer wieder, sagt fünfzehn Mal so etwas wie hallo, sie küsst ihn zwischendurch. Warum gibt es in Berlin keine betrunkenen, leicht verwahrlosten asiatischen Paare, die sich küssen?

Ich sitze in einer Kneipe im Nyhavn, denke an Martina, mit der ich vor vielen Jahren schon einmal hier war. Damals waren uns die Restaurants zu teuer, wir aßen selbstgemachte Brote mit Käse aus dem Supermarkt – und waren glücklich. Ich bin es jetzt auch, obwohl das Gericht für hundertsechzig Kronen (= zwanzig Euro) knapp das Niveau der *Nordsee*-Kette hat und das Glas Wein die zehn Euro keinesfalls wert ist.

Mein letzter Tag ist sonnig, wenngleich die Sonne hier im November sehr flach am Himmel steht. Als ich das Restaurant betrete, ist es lichthell (danach habe ich es ausgesucht), aber schon bald, gegen drei Uhr, verschwindet die Sonne hinter den Häusern.

Am Morgen habe ich auf der Buchmesse noch ein paar Bücher signiert. Mein dänischer Verleger Arild Batzer ist ganz aus dem Häuschen wegen der guten Verkäufe und der 6-Sterne-Kritiken in dänischen Zeitungen. Jetzt hofft er auf 5000 bis

6000 Exemplare, die er (insgesamt!) verkaufen kann. Dänemark hat gerade mal fünf Millionen Einwohner. Und zwei Drittel von ihnen scheinen iPhone-süchtig zu sein, ich nehme statistische Proben in der U-Bahn und ärgere mich, wie immer, über die verlorenen Leser.

Batzer, ein Alt-Achtundsechziger, ist eigentlich Norweger. Er spricht, wie man mir erzählt, noch immer schlecht Dänisch, obwohl er seinen – dänischen – Verlag schon vor dreißig Jahren gegründet hat. Er wohnt in Roskilde, der alten dänischen Hauptstadt, und ist im zwanzig Kilometer weiten Kopenhagen ziemlich verloren: Gestern sind wir mit Michail Schischkin und Ulf Peter Hallberg (alles «seine» Autoren) zusammen zur deutschen Botschaft gefahren, mit S-Bahn und Metro (Taxi wäre vermutlich billiger gewesen) – und es fehlte nicht viel und ich hätte ihm vorsagen müssen, welchen Bahnsteig wir zu nehmen haben.

Der Empfang beim Botschafter: eine kleine Botschafterrede, die beim Deutschen Buchpreis anfing und bei den deutsch-dänischen Beziehungen endete. Die warmherzige, sehr ulkige Botschaftergattin hatte, wie es hieß, «persönlich» gekocht. Das Essen wurde an Couchtischen eingenommen. Zwei Vietnamesen bedienten uns stumm. Interessant: dass es hier längst nicht so pompös zugeht wie im armen Kuba.

Batzer übrigens im zerrissenen T-Shirt.

Aber der Reihe nach: Am Donnerstag, dem Tag meiner Ankunft, holt eine hübsche, leicht füllige (beides darf man wahrscheinlich heute nicht mehr sagen, weil es die Betroffene auf «sexuelle Merkmale reduziert» oder sie denunziert oder herabwürdigt) Mitarbeiterin des Goethe-Instituts mich mit leichter Verspätung am Flughafen ab. Wir fahren – «Wenn es Ihnen nichts ausmacht!» – mit der kleinen Kopenhagener Metro, die übrigens führerlos ist: Man kann sich auf die vordersten Plätze setzen und in den Tunnel schauen. Seltsamerweise ist mir dieser kleine U-Bahn-Roboter sympathisch.

Verblüfft bin ich, dass es in Dänemark keinen Euro gibt. Meine Begleiterin spendiert mir, da ich keine dänischen Kronen besitze, den Lippenbalsam, den ich im Drogeriemarkt kaufe.

Die Leiterin des Goethe-Instituts geht mit mir in ein kleines Restaurant über der Stadt essen. Sie war vorher in Italien und beschwert sich über das dänische Wetter und die dänische Esskultur. Vermutlich hat sie mit beidem recht: Draußen ist es grau und feucht, und drinnen gibt es kalten Fisch mit Smørrebrød, eingebettet in bruchsichere Panade und mit Knoblauchmayonnaise.

Die Frau erzählt mir, wie schwierig es sei, in Dänemark eine Wohnung anzumieten. In Dänemark darf man eine Eigentumswohnung höchstens drei Jahre vermieten, dann muss man selbst einziehen. Die Regel soll dem Ausverkauf durch das Ausland vorbeugen. Wer hier kauft, soll hier wohnen, und nicht mit Wohnungen sein Geld verdienen. Sympathisch, aber, wie alle solche Maßnahmen, mit Nebenwirkungen: Es gibt keine Mietwohnungen mehr.

Am ersten Abend Lesung in der Königlichen Bibliothek, einem glänzenden Neubau, den die Kopenhagener liebevoll den «Schwarzen Diamanten» nennen. In Berlin hieße das wahrscheinlich «Königsklunker». Bis dahin habe ich nur die Fußgängerzone gesehen, und obwohl man ja überall in Europa dieselben Geschäfte, dieselben Marken, dieselben Artikel sieht, fällt es mir dieses Mal besonders ins Auge, vielleicht weil ich gerade Schuhe in Deutschland gesucht habe – und nun in den Schaufenster sogar die einzelnen Modelle wiedererkenne.

Auf dem Weg zur Bibliothek dann ein bisschen vom alten

Kopenhagen: das gewaltige Schloss, von ferne erkenne ich das Rathaus wieder, mit der Uhr, an deren Zeiger Egon Olsen gefesselt war. Die Filme der *Olsenbande* waren in der DDR fast so berühmt wie in Dänemark – warum eigentlich? Warum haben die DDR-Kulturfunktionäre diese Filme eingekauft – waren sie so harmlos, so billig? Im Grunde, denke ich nachträglich, waren sie eine Kapitalismuskritik: Was ist der Überfall einer Bank – gegen ihre Gründung.

Eine Frau Ende dreißig, mit schönen Beinen und unverschämt kurzem Schottenrock, ist Leiterin der Veranstaltungsabteilung der Bibliothek. Ein aufgeregter junger Germanistikprofessor führt das öffentliche Gespräch mit mir. Zum Schluss werde ich zum «Dinner» eingeladen, aber im kleinen Dänemark geht man sparsam mit Ressourcen um: Es gibt Smørrebrød im Hinterzimmer, freundliches Neonlicht, Kunstharz-Tische, die man in der DDR Sprelacart-Tische genannt hätte – ich fühle mich wie auf einer Institutsfeier vor dreißig Jahren. Flirte sehr harmlos und soweit dies öffentlich möglich ist mit dem Schottenrock. Immerhin werde ich noch wahrgenommen – von Frauen ab Ende dreißig.

Am nächsten Tag fahre ich mit Jacob, meinem Übersetzer, nach Aarhus auf Jütland, der zweitgrößten Stadt Dänemarks, zu Lesung und Gespräch in der Bibliothek. Zwar sind die Veranstalter wieder mal über den Andrang erstaunt – es müssen auch hier noch Stühle geholt werden –, aber insgesamt ist es doch eine kleine Veranstaltung, weit weniger als hundert Leute. Hier in Dänemark (und natürlich auch in Deutschland) kann ich nicht mit Superstars wie Adler-Olsen konkurrieren, dem Jacob übrigens ein großartiges Engagement in der dänischen Politik- und Kulturszene bescheinigt.

Beim Publikumsgespräch insistiert mein sonst eher schüchterner Übersetzer: Auf welche Weise ich meine ostdeutsche Identität verdrängt hätte? Zum ersten Mal erzähle ich öffentlich, wie ich am Niederrhein versucht habe, meinen ostdeutschen Akzent zu verbergen. Dass ich, wenn ich beim Bäcker Kuchen kaufte, sogar ein wenig versuchte, das Niederrheinische zu imitieren, wage ich nicht zu sagen.

Jacob Jonia, den ich vom Übersetzer-Workshop über die *Zeiten des abnehmenden Lichts* in Straelen kenne, ist groß, blass, ein bisschen weltfremd. Er fliegt niemals, wie sich herausstellt. Das Hotel Bella Sky, in dem ich wohne, kann er nicht einmal anschauen, ohne dass ihm übel wird. Im elften Stock dieses schräg in den Himmel ragenden Bauwerks zu wohnen, wäre ihm unmöglich. Er war früher Lehrer, wohnt seit eh und je in einer Provinzstadt an der Westküste. Nur zum Studium war er in Odense. Er ist gut im Geschäft, verdient aber fast mehr mit Übersetzungen für die Öffentlichkeitsabteilung eines Nationalparks als mit Literaturübersetzungen. Für die Übersetzung meines Romans hat er sechstausend Euro bekommen. Warum kommt es mir so vor, als würde er sein Geld, im Gegensatz zu mir, auf redliche, ja beinahe heldenhafte Weise verdienen? Ja, ich bewundere ihn, ich bewundere eigentlich beinahe jeden, der es schafft, in dieser Welt redlich sein Geld zu verdienen und seine Kinder durchzubringen.

Mein Hotel liegt übrigens im Süden von Kopenhagen, im Stadtteil Bella. Hier hat eine – wieder ergebnislose – Klimakonferenz stattgefunden. Der Blick aus den um zwanzig Grad geneigten Fenstern ist wunderbar, der Bau imposant, aber von innen – Neubau-Ästhetik.

Es sind nur ein paar Schritte bis zur Buchmesse, die im ersten Jahr hier draußen stattfindet: ein Mini-Frankfurt. Verlaufen kann man sich kaum. Wohin ich auch gehe, immer komme ich wieder bei Batzer heraus.

Das übliche Podiumsgespräch, diesmal auf Englisch. Dann ein Rundfunk-Interview auf Deutsch, Bücher signieren, das war's.

Es folgt der schon erwähnte Abend beim Botschafter. Am nächsten Tag, also heute, am Sonntag, signiere ich noch ein paar Bücher, die Batzer, nachdem sie ausverkauft waren, aus dem Lager geholt hat. Dann fahre ich ins Zentrum, gebe meinen Koffer am Bahnhof ab und habe vor meinem Abflug noch zwei, drei Stunden Zeit, durch die Stadt zu streifen.

AIX-EN-PROVENCE
....
November/Dezember 2012

Immer gehe ich zum Flughafen mit Testamentsgedanken (und bin sogar so abergläubisch, dass es mir schon als Verhängnis erscheint, diesen Satz eben aufgeschrieben zu haben). Dieses Mal bemerke ich unterwegs, dass wir es versäumt haben, nach russischer Sitte eine Schweigeminute zum Abschied einzulegen. Nötige Martina, noch einmal aus der S-Bahn auszusteigen und uns auf dem Bahnsteig *niederzusetzen*, weil mir eine Schweigeminute während der Bahnfahrt geschummelt verkommt. Dann, in Adlershof, stelle ich fest, dass wir zum falschen Flugplatz unterwegs sind. Habe sofort den Gedanken, dass der Flieger, den ich nun verpasse, möglicherweise abstürzt. Schaffe den Flieger aber doch in letzter Minute und – lebe noch.

Drei Tage später wieder in Berlin, verärgert, enttäuscht, unzufrieden. Das kleine «internationale Literaturfestival» in Aix-en-Provence, zu dem mein französischer Verlag mich überredet hat, ein totaler Reinfall. Urs Widmer, der auch geladen war und den ich gern kennengelernt hätte, kam nicht (wegen Schneeeinbruchs in der Schweiz!). Ich war der prominenteste Autor, und zu meiner Lesung kamen gerade mal zwanzig Leute. Zu der eines anderen Autors zwei!

Aix-en-Provence ist eine typische, mittelgroße, südeuropäische Stadt, die sich auf den ersten Blick nicht von anderen südeuropäischen Städten, aber durchaus von nordeuropäischen

unterscheidet: Die schmalen Fassaden mit springenden Fens-
terreihen, ums Lehmgelbe changierende Pastellfarben, die typischen Klosterziegel, Unordnung, Schiefe, alles auf eine Weise
patinös, wie es nur im Süden möglich ist. Der Norden kennt nur
Ordnung oder Zerstörung.

Am ersten Abend zerrten uns zwei junge Goethe-Praktikan-
tinnen durch das «Nachtleben» von Aix, der Studentenstadt.
Eine seltsame Melange: die beiden Neunzehnjährigen, eine über
vierzigjährige deutsche Kinderbuchautorin, die in der Dunkelheit noch als Studentin durchgehen mochte, ein grauhaariger
deutscher «Gesandter», wie auf seiner Visitenkarte stand, mit
John-Lennon-Brille und giftgrünen Hosen, und ich – wir lan-
deten schließlich in einem Klubkeller, den ich in Deutschland
nie betreten hätte, und das alles, um festzustellen, dass es hier
genauso zuging wie zu meiner Studentenzeit. Sogar die kleine
Live-Band, die um Mitternacht auf die Bühne kam, spielte *Stones*
und *Beatles*! Um uns herum knutschten kleine Jungs kleine
Mädchen. Ich bin mir selten so alt vorgekommen. Wir hielten
es keine Stunde aus.

Sonntagnachmittag in Marseille mit einer jungen Mitarbeiterin des Goethe-Instituts. Ein wunderbares Terrassencafé mit
Blick auf den alten Hafen, von dem aus meine Großeltern nach
Marokko, und von dort nach Mexiko aufgebrochen sind. Der
Tag ist sonnig. Von den Tragödien, die sich hier abgespielt haben
(und in gewisser Weise bis heute abspielen), ist nichts zu spüren,
nichts zu sehen in diesem gigantischen, eisfreien Yachthafen, in
dem reiche Europäer ihre Boote parken. Man hört die Wanten
klirren, wenn man dicht an den Schiffen vorbeigeht. Der Wind
allerdings ist kalt. Und das Essen teuer.

Neben dem Reichtum gibt es in Marseille natürlich Armut

und Kriminalität. Bandenkriege werden mit der Kalaschnikow geführt, so erzählt jedenfalls die Goethe-Mitarbeiterin, die unweit vom Hafen zwei kleine Zimmer bewohnt. Übrigens ist sie knapp dreißig, die typische Vertreterin ihrer Generation, wenn man davon absieht, dass sie tatsächlich einen festen Job – und kein Praktikum – ausübt: Germanistik und Politik studiert, ein Jahr davon in Amerika; ein Jahr hat sie in Spanien, eins in Palästina verbracht, bis vor kurzem hat sie – mit ihrem italienischen Freund – in Paris gelebt und spricht deswegen nicht nur Englisch, Spanisch und Französisch, sondern auch noch Italienisch fließend.

Am Abend im TGV nach Paris: eine Klapperkiste! Von fünf Leselampen funktioniert nur eine! Mein Sitz in der ersten Klasse lässt sich zwar nach hinten klappen, dann aber nicht mehr nach vorn. Angesichts dieser Mängel kann es einem mulmig werden bei den durch die entgegenkommenden Züge verursachten Druckwellen, die den TGV erschüttern wie Detonationen. Ich komme mir schlecht vor bei dem Gedanken, dass das nächste TGV-Unglück absehbar sei, und hier setzt schon wieder mein Aberglaube ein: dass mich angesichts solcher Gedanken selber das Unglück treffe.

Dann also Paris, Kurzaufenthalt. Das Hotelzimmer, wie immer winzig, kostet in der Nebensaison 130 Euro. Die junge Goethe-Mitarbeiterin hat mir erzählt, sie habe in Paris für ein 18-Quadratmeter-Apartment 650 – oder waren es 850? – Euro bezahlt. Wirklich ekelhaft, dieser Druck, den der Scheiß-Kapitalismus ausübt.

Überhaupt empfinde ich Paris in diesen wenigen Stunden als so unangenehm wie noch nie: Das Zentrum ist eine einzige Touristenveranstaltung. Es ist eng. Es ist teuer. Der Verkehr staut sich in den schmalen Straßen. Und was die Bezirke außerhalb des Rings betrifft, so habe ich bisher noch nie etwas gesehen, was mich eingeladen hätte, aus dem Taxi zu steigen.

Am Morgen vor dem Abflug noch ein Gespräch mit meiner französischen Verlegerin. Da der Rückflug sowieso über Paris gegangen wäre, hatte ich vorgeschlagen, dass wir uns bei der Gelegenheit sehen. Der Vorschlag wurde gern angenommen, allerdings wurde, wie ich dann feststellte, davon ausgegangen, dass ich das Hotel selbst bezahle. Ich bin, ich gebe es zu, etwas gekränkt und frage mich, ob man vielleicht doch enttäuscht ist, angesichts der riesigen Erwartungen, die bestanden haben. Das Buch hat es in Frankreich auf Platz 17 der internationalen Bestsellerliste geschafft. Es hat sich 15 000 Mal verkauft bisher, man rechnet im Weihnachtsgeschäft mit weiteren 10 000. Das ist außerordentlich viel für ein deutsches Buch in Frankreich, aber vielleicht nicht genug?

10. März 2013. Wollte heute früh nach Barcelona fliegen, stellte plötzlich fest, dass ich mich im Tag geirrt hatte. Der Flug geht erst morgen. Hatte alles schon erledigt, plötzlich, nach all der Hektik – Zeit!

12. März 2013. Nach fünfzehn Jahren wieder in Barcelona. Damals war es Januar, und ich habe in einem erbärmlichen Hotel erbärmlich gefroren. Nun holt man mich vom Flughafen ab, lädt mich zum Essen ein, obwohl ich es selbst bezahlen könnte, ich wohne in einem sehr ordentlichen Hotel. Es ist Anfang März, die Sonne scheint.

Nach dem Lunch mit der Pressedame des Verlags suche ich als Erstes die Plätze auf, die mir in Erinnerung geblieben sind. Die berühmte Rambla habe ich wiedererkannt. Das Café vor der Plaza de Colón ist allerdings bis zur Unkenntlichkeit umgebaut. Anstelle der akkuraten Kellner in altmodischen Livreen bedienen jetzt zwei Asiaten, die in fließendem Spanisch ihre Späßchen mit dem touristischen Durchgangspublikum treiben.

Die Zeitungskioske auf der Rambla gibt es noch, allerdings waren sie früher mobil (auf Rädern), und wenn sie ihre flügelartigen Fenster öffneten, offenbarten sie eine Welt an Druckerzeugnissen; heute sind sie etabliert und einbetoniert, und der Verkauf von Zeitungen und Zeitschriften spielt nur noch eine untergeordnete Rolle. Hauptsächlich gibt es barcelonischen

Kitsch, T-Shirts vom F. C. Barça, irgendwelches Zeug, das ich im Augenblick des Vorbeigehens schon vergesse.

Auch lebende Hühner werden nicht mehr verkauft, nur noch Singvögel und kleine Nager. Das Miró-Mosaik, das mir mein Reiseführer schon vor Jahren versprochen hat, finde ich wieder nicht – existiert es überhaupt?

Was mir auffällt: Ich bewege mich langsamer, und das ist keine Frage des Alters. Sich Zeit zu nehmen, ist wirklicher Reichtum, weitgehend unabhängig vom Kontostand, möchte man meinen, aber das stimmt natürlich nicht ganz.

Beim Frühstück heute *El País* gelesen und zumindest verstanden, dass Deutschland darin so gut wie nicht vorkommt. Dann spaziere ich zur Kathedrale von Gaudí.

Unterwegs sehe ich zwei Straßenfegerinnen in hellgrünen Uniformen. Warum empfinde ich es als merkwürdig, ja traurig, dass zwei junge, durchaus gepflegte Frauen mit glänzenden Augen und blondierten Haarspitzen die Straße fegen? Müssen Straßenfegerinnen alt und hässlich sein? Im Vorbeigehen beobachte ich, wie eine Frau mittleren Alters, die aus der Metro-Station kommt, einer der beiden Grünuniformierten ein Stück Papier zusteckt – etwas, das ich für ein noch gültiges Mehrfahrten-Ticket halte.

Dann also zur Sagrada Família. Damals fand ich das Bauwerk abstoßend und schrecklich, und ich habe geglaubt, dass dieser Eindruck mit meiner Stimmung zusammenhing und dass ich meine Meinung dieses Mal revidieren würde, spätestens, wenn ich die Kathedrale von innen sähe, was damals nicht möglich war. So habe ich mich in die lange Schlange gestellt, die sich schon morgens um 10:30 gebildet hatte, und eine Eintrittskarte für 13,50 Euro erworben: Sie machen Geld mit dem unvollendeten Bauwerk, und der Erfolg gibt ihnen recht. Touristen aus aller Welt kommen und bestaunen diese angebliche Baukunst, während ich genauso ratlos davorstehe wie damals. Gaudís Idee: Bauen wie die Natur! Nun, von der Natur hat der Mensch seit jeher gelernt, hat Formen und Ingenieurslösungen abgeschaut. Aber warum Häuser aussehen sollen wie Obst und Gemüse, bleibt mir rätselhaft. Obendrein trägt die Kathedrale in Wirklichkeit kaum «organische» Züge, wenn man von den Stauden- und Fruchtimitationen auf den Spitzen der Türme und Türmchen absieht. Die Säulen im Inneren sehen nicht aus wie Bäume! Das Ganze sieht nicht aus wie Natur! Das Bauwerk hat in Anlage und Erscheinung einen typisch mittelalterlich-kathedralen Charakter, nur dass ihm die Würde fehlt. Bunte Klunker kleben an den Säulen. Christus unter einem albernen Schirm. Eine Mischung aus Mittelalter und Märchenwald.

Die Meister der Gotik brachten *Sinn und Form* zusammen, konstruktive Notwendigkeit und religiöse Sehnsucht. Gaudí fängt Ende des 19. Jahrhunderts an zu bauen, da ist die Gotik konstruktiv längst überholt. Er verwendet Stahlträger und Beton. Der Rest ist Dekor, ein bisschen Spielerei und ein paar Schmuckelemente. So sollte man weder bauen noch schreiben.

Ich spaziere zur Rambla zurück, um in einem der Restaurants an der Markthalle *Bacalao* zu essen wie damals. Aber die zwei, drei Restaurants, die nicht der großen Baustelle zum Opfer gefallen sind, erscheinen mir so heruntergekommen, dass ich mir, trotz meiner damaligen Geldnot, nicht vorstellen kann, hier gegessen zu haben.

Lasse mich weiter treiben Richtung Südwesten, in das ehemalige Hafenviertel. Es erweist sich als überraschend hübsch. Eine Straße, auf der Prostituierte schon um die Mittagszeit zum Sex einladen, mündet in einen hellen Platz. Hier, in einem schlichten, aber sauberen Café bestelle ich nun tatsächlich *Bacalao* – warum eigentlich? *Bacalao* – es handelt sich um eingesalzenen Kabeljau – ist mir in übler Erinnerung. Aber ich habe Glück! Dieses Mal schmeckt der Fisch nicht salzig, und es ist auch keine dunkle Mehlschwitze dabei – so habe ich ihn in *Cabo de Gata* beschrieben.

Nach dem Essen, das ich im Innenraum einnehme, wechsle ich hinaus auf den Platz, wo ich auf einer roten Tischdecke und bei einer Tasse Kaffee meine Aufzeichnungen über Barcelona beginne – diese hier.

13. März 2013. Gestern die Lesung im Goethe-Institut, ausgerechnet am Tag des, wie heißt das, Champions-League-Spiels zwischen Mailand und Barça. Der Saal wird zwar einigermaßen voll, aber viele, die erwartet worden sind, bleiben nicht nur fern, sondern, so wird mir berichtet, empfinden das «wichtige Ereignis» als selbstverständliche Entschuldigung.

Komisch, je mehr der Fußball zum Feuilleton-Thema aufsteigt, desto ignoranter werde ich. Allerdings hat mir das schon mein Vater eingebläut: Vor einem ordentlichen Ingenieur mehr Respekt zu haben als vor kleinen Jungs, die mit Kicken Millionen verdienen. Ist das Dünkel oder Missgunst?

Ja, was ist die Literatur gegen Fußball! Die Moderatorin erzählt mir nach der Lesung, dass nur 24 000 Spanier mehr als ein Buch im Jahr lesen. *El País* hat die Kulturseiten von ehemals fünfzehn auf drei oder vier reduziert, eine neue Redaktion eingestellt, die auf den verbliebenen Literaturseiten vorwiegend Comics und Biographien von Popstars verhandelt. Die Moderatorin hält dies für das Resultat der spanischen Wirtschaftskrise. Ist es das?

Allmählich wächst bei mir die Überzeugung, dass der Kapitalismus, zumindest diese Art Kapitalismus, tatsächlich tendenziell die Vernichtung von Kultur bedeutet. Ich könnte heulen,
wenn junge Männer hier Glanzdruck-Flyer für eine Flamenco-
Show verteilen. Es gibt keinen Flamenco mehr, es gibt nur noch
«Flamenco- Show»!

Jetzt ist es halb zwölf. Um zwölf habe ich eine Pressekonferenz – hier im Hotel, Gott sei Dank, denn auf einmal regnet es
in Strömen. Ich hatte geglaubt, in Barcelona regne es kaum. Als
Indiz dafür galt mir, was ich damals für eine Mode hielt: dass die
jungen Barcelonerinnen, Studentinnen oder Geschäftsfrauen,
ihre Unterlagen offen, ohne Tasche, im Arm trugen. Allerdings
tun sie das immer noch. Was machen sie mit diesen Unterlagen,
wenn es, wie jetzt, in Strömen regnet?

Auch blickdichte braune Strümpfe trägt man in Barcelona
noch – wie vor fünfzehn Jahren. Allerdings überwiegen jetzt
dünne, hautenge Leggings, und das Neue dabei ist, dass die
Röcke nicht, wie in der Minirock-Ära, bis kurz *unter* den Schritt
gehen, sondern bis kurz *über* den Schritt. Es sind auch eigentlich
keine Röcke, sondern eher Pullover-oder-so. Wenn man weiß,
männlich und hetero ist, kann einen das schon irritieren, vermutlich auch, wenn man schwarz, männlich und hetero wäre.
Seltsam, dass die politisch korrekte Gesellschaft einerseits immer empfindlicher gegen jede Art von wirklichem oder angeb-
lichem Sexismus wird, während junge Frauen in der Öffentlichkeit *so etwas* tragen. Nackt wären sie weniger aufreizend.

15. März 2013. Transitraumbekanntschaft mit einer jungen
Deutschen, die Kontakt aufnimmt, als ich mich nach einem
Stück Papier oder Pappe umschaue, um meinen wackelnden

Café-Tisch zu fixieren: Wackelnde Tische, sagt sie, seien typisch für Spanien. Und nach einer kleinen Pause berichtet sie, dass die Bedienung hinter dem Tresen des Transitraum-Cafés nicht auf Englisch erklären konnte, welche Zutaten in einem bestimmten Sandwich enthalten seien.

Ich sage, dass ich das nicht so schlimm fände.

Ja, aber wenn man nun unter Laktose-Unverträglichkeit oder an irgendeiner anderen Allergie leide … Und dann fügt sie hinzu: Deswegen hinkten sie hier so hinterher, weil sie in der Schule nicht einmal richtig Englisch lernten!

Blond, picklig, ein bisschen zu dick. Vom Geld der Eltern in der Welt herumfliegen und erwarten, dass man ihnen an jeder Imbissbude die Zutaten eines in Plastik verpackten Sandwichs in Englisch aufsagen kann. Soll sie doch zu Hause bleiben, denke ich. Wozu reisen solche Leute?

Und wozu reise ich? Eine Buchpräsentation, eine Pressekonferenz, ein Essen mit dem Verleger, das Wiedersehen mit einer alten Bekannten: Barcelona. Habe ich ein größeres Recht, Kerosin zu verbrauchen?

Nein, ich sehne mich wahrlich nicht nach den schwierigen Zeiten zurück. Aber so intensiv wie damals die Reise nach Cabo de Gata werde ich wohl kaum noch einmal eine Reise erleben. Oder doch? Sollte man die Konsequenz ziehen und aufhören, auf diese flüchtige, schnelle Art und Weise zu reisen? Am meisten erlebt man doch, wenn man am wenigsten erlebt.

Erster Tag. Thessaloniki. Zum Auftakt, im Flugzeug, lese ich in der Zeitung, dass die zypriotische Regierung unter dem Druck des IWF und der EU beschlossen habe, alle, auch kleine Sparguthaben, mit einer Abgabe zu belegen – zur Rettung des Bankensystems. Geldautomaten gesperrt. Aufstand in Zypern. Der Unmut wächst, vor allem gegen die Deutschen – uns.

Theo holt uns am Flughafen ab. Zwölf Grad, leichter Regen. Ernüchternder erster Eindruck: brutaler Autoverkehr zwischen Sechziger-Jahre-Bauten. Nur selten taucht eine würdige alte Stadtvilla auf – meist schon im Verfall.

Theo eröffnet uns, dass er am Nachmittag zu einer kleinen Feier mit Freunden geladen ist: ob wir ihn begleiten wollten. Heute sei «Reiner Montag», so hieße es in der orthodoxen Kirche. Man stimme sich auf die Fastenzeit ein.

Zwei junge Frauen holen uns mit dem Auto ab. Das Restaurant ist irgendwo draußen auf dem Land. Wir irren eine Weile zwischen Feldern umher (es sind Reisfelder, so wird uns erklärt), waten schließlich mit unseren Sommerschuhen durch den Matsch zu einer Baracke, aus der dünner Rauch aufsteigt. Und plötzlich: Griechenland! Große Gesellschaft an einer langen, bacchantischen Tafel. Gesang, Gitarre, eine Busuki: *Rembetiko* heißt die Musik der vertriebenen Schwarzmeergriechen, in der die ewige Sehnsucht und das ewige Verlorensein aufgehoben sind. Man gießt uns Retsina ein, schiebt uns eine Platte mit frittierten *Bakaliaros* (Stockfisch) hin, prostet uns zu, noch vom äußersten Ende der Tafel. Ein alternder Achill mit abstehenden Haaren setzt zum Solo an, dann fallen die Frauen ein, beiläufig, aber mit einer Melancholie, die einen umhaut – während draußen vor dem riesigen Fenster der grüne Fluss fließt und fließt ...

Wo kommt ihr her, die obligatorische Frage. Wir beantworten sie mit leichtem Unbehagen. Auf einmal können alle Deutsch: Auf die deutsch-griechische Freundschaft!

Zweiter Tag. Thessaloniki. Wir treffen uns mit Theo am Weißen Turm, dem Wahrzeichen Thessalonikis. Von hier aus gehen wir ins Zentrum, wo noch ein paar ältere, kleine Häuschen sich um die Markthalle herumducken. Hier finden wir einen Schuster, der mir meine Ledertasche repariert – für einen Euro.

Sonst scheint Griechenland gar nicht billig. Zwar, sagt Theo, seien die Mieten im Augenblick deutlich niedriger als in Deutschland, aber für einen Cappuccino kann man schon mal vier Euro bezahlen. Theo trinkt übrigens immer *frappé*, einen kalten, mit Milch geschäumten Nescafé. Ansonsten sind hier, wie überall auf der Welt, italienische Kaffeezubereitungsarten auf dem Vormarsch.

Wir ziehen allein weiter, weil Theo arbeiten muss. Ich lasse mir in einem kleinen Friseursalon die Haare schneiden. Die missmutige alte Friseuse geht mit der Schere auf mich los, als wollte sie mir die Ohren abschneiden, zupft mir, ohne zu fragen, die Augenbrauen aus. Ich wage nicht, mich zu widersetzen – weil ich Deutscher bin?

Abends mit Theo zum Dokumentarfilmfestival. Wir sehen einen Film über die letzten, die Krisen-Wahlen in Griechenland: Griechische Nazis, die sich «Golden Dawn» nennen, allesamt groß und dick und schwarz gekleidet, haben erstaunlichen Erfolg mit dem Argument, dass die Ausländer an allem schuld sind: die Migranten aus Albanien und Pakistan.

Dritter Tag. Thessaloniki. Stadtführung. Ein Mann mittleren Alters, der sich als Professor für irgendwas vorstellt, serviert kleine Anekdoten, die ich sofort vergesse, übergenaue Beschreibungen irgendwelcher architektonischer Details, die mein englisches Vokabular übersteigen. Selbst die Herkunft des Namens Thessaloniki habe ich mir nicht merken können, es hat mit dem Sieg über Thessalien zu tun – man kann ja bei Wikipedia nachsehen.

Nachricht am Abend: Das zypriotische Parlament hat den Beschluss zur Belastung aller Sparguthaben gekippt. Die Kommunisten Griechenlands triumphieren: Seht ihr, das kleine Zypern bietet dem IWF und Merkel die Stirn, und ihr wart zu feige!

Vierter Tag. Zugfahrt nach Athen. Alles geht langsam und gelassen vonstatten. Beim Halt auf einem kleinen Bahnhof steigen die Leute aus, sitzen in der Sonne, rauchen. Dann zuckeln wir weiter durch die Landschaft. Es wird gebirgig, karg. Theo und ich zählen Begriffe auf, die aus dem Griechischen kommen. Am meisten verblüfft mich, dass auch *Kino* aus dem Griechischen kommt: *kinema* – die Bewegung.

Theo habe ich vor einem Jahr beim sogenannten Atriumsgespräch in Straelen kennengelernt, als ich mit den Übersetzern – damals waren es zehn oder elf – meinen Roman diskutierte. Er ist, wie ich jetzt erfahre, Kind griechischer Arbeitsmigranten, ein Wanderer zwischen den Welten. In Köln gibt es eine geschiedene Frau, mit der er sich noch die Wohnung teilt. In Athen hat er eine Freundin. Aber einen großen, vielleicht den größten Teil seiner Zeit, verbringt er anscheinend in Übersetzerhäusern, Stipendieneinrichtungen oder, wie gerade jetzt, in einem Hotel in Thessaloniki, wo er im Auftrag einer kleinen deutsch-griechischen Zeitung über das Dokumentarfilmfestival berichtet, während er sich gleichzeitig um mich kümmert und mich zu meinen Lesungen in Thessaloniki, Athen und Chania begleitet.

Heimlich nenne ich ihn den *Koloss von Samothraki*. Er ist so groß und massig, dass ich mich sogar ungern mit ihm fotografieren lasse, aus Angst, klein zu wirken. Er isst entsprechend, raucht schon vor dem Essen (was in den meisten griechischen Gaststätten trotz strikten Rauchverbots kein Problem darstellt) und trinkt dazu reichlich, offenbar ohne betrunken zu werden. Aspirin kauft er stets in Griechenland, weil es billiger ist, und zwar zu jeweils zehn Packungen am Kiosk.

Abends Lesung in Athen. Zuvor Interview: Was ich an Merkel als «ostdeutsch» empfinde. Vor allem ihre Art zu reden, sage ich. Sie erinnere mich an meine Kindergartentante.

Die Lesung ist erstaunlich gut besucht, mehr als hundert Leute, die so gespannt zuhören, als hätte ich die Lösung der griechischen Probleme parat. Die anschließenden Fragen wechseln rasch ins Politische. Man spürt, dass die Menschen verunsichert sind, dass sie suchen. Die Frage, ob die *Zeiten des abnehmenden Lichts* vielleicht auch für den Kapitalismus gekommen seien, kann ich natürlich nicht beantworten, aber zumindest steht fest: Die Tatsache, dass der Sozialismus untergegangen ist, bedeutet nicht, dass der Kapitalismus überlebt. Das sage ich auch, und es wird mit Beifall zur Kenntnis genommen.

Danach essen wir mit dem Verleger in einem noblen Restaurant im Park am Syntagma-Platz, vor dem Parlament, wo immer die Demonstrationen stattfinden. Der Verleger kann zwar Deutsch, redet aber wenig und wirkt überhaupt bedrückt. Wie immer, wenn man in Griechenland eingeladen ist (und wir sind andauernd eingeladen), wird viel zu viel bestellt. Es gibt teuren Weißwein. Retsina, so wird uns erklärt, trinken nur die Touristen.

Fünfter Tag. Athen. Auf den ersten Blick unterscheidet sich Athen kaum von Thessaloniki. Die Bausünden der Sechziger prägen auch hier das Bild, nur dass über allem die Akropolis thront, die «Hochstadt», weiß und würdig, so wie ich sie von Postkarten kenne – und doch imponierender, als ich mir vorgestellt habe. Aber kaum haben wir den Fels erklommen und die bombastischen Propyläen passiert, verliert die Akropolis ihre Würde. Plötzlich ist sie nur noch eine Touristenattraktion, eine vergrößerte Ausgabe jener Gipsmodelle, so scheint es, die neben all dem Plunder unten in den Gassen der Plaka verkauft werden. Man wundert sich, dass sie nicht längst wegfotografiert worden ist.

Anders geht es mir mit dem Dionysos-Theater, das – jedenfalls um diese Jahreszeit – fast menschenleer ist, entweder weil die Leute es mit dem besser erhaltenen Odeon am Eingang verwechseln oder es gar nicht erst suchen. Eine Weile sitze ich auf den Rängen und versuche, mir das Raunen der 17 000 Zuschauer vorzustellen, als in irgendeiner frühen, dionysischen Dichtung des Aischylos plötzlich ein zweiter Sänger aus dem Chor heraustrat und einen Dialog mit dem Vorsänger zu führen begann: die Geburt der Tragödie. Hier fotografiert mich Martina, und – die Speicherkarte geht kaputt. Ja, vielleicht sollte man überhaupt aufhören zu fotografieren? Ich jedenfalls habe stets das Problem, dass ich mich bei vielen Ereignissen zuerst an die Fotos erinnere. Dass das Foto die Erinnerung nicht etwa in Gang setzt, sondern zu überblenden beginnt.

Ein bisschen irdischer als die Akropolis, von menschlichem Maß: die alte Agora. Dass ausgerechnet der Tempel des Hephaistos, des braven Götterschmieds, der am besten erhaltene Tempel Griechenlands ist, wundert mich, weil er viel leichter zugänglich ist als etwa die Akropolis und weil die Griechen eigentlich alles, was verfügbar war, zu neuen Häuser verbaut haben.

Dann folgen wir dem Reiseführer ins «älteste Café Athens» und sind anschließend noch so blöd, mitten in der alten Plaka essen zu gehen: *traditional greek food*. Von draußen plärrt *traditional greek music* herein.

Sechster Tag. Athen. An unserem letzten Tag besuchen wir das – eigentlich römische – Stadion. Was ich nicht wusste: *Stadion* ist ursprünglich ein Längenmaß – 600 Fuß oder circa 190 Meter. Interessant ist, dass der erste Marathonsieger der Olympischen Spiele der Neuzeit im Jahre 1896, der Grieche Spiridon Louis, hier die damalige Distanz von vierzig Kilometern in 2:58:50 gewann, was, umgerechnet auf die heutige Marathondistanz, 3:08:39 bedeuten würde: Ich wäre – mit zweiundfünfzig Jahren und einer Zeit von 3:03:51 – Olympiasieger geworden …

Abends gehen wir mit Jonas, dem Moderator meiner Lesung, essen. Jonas wohnt in Exarchia, dem Athener Szeneviertel, das auf den ersten Blick dem heutigen Friedrichshain ähnelt. Ein Grundstück, an dem wir vorbeikommen, ist besetzt und in einen Park verwandelt worden, weil es bebaut werden sollte. Schön ist der Park allerdings nicht, und Jonas beschwert sich, dass die Besetzer ihn, der weder zerrissene Jeans noch Rastalocken trägt, schief ansehen, wenn er sich hier mal auf eine Bank setzt. Übrigens gilt Exarchia als ein wenig gefährlich. Jonas erzählt, dass er schon einmal beraubt worden sei. Seine geschiedene Frau weigere sich sogar, die Kinder zu ihm zu schicken. Allerdings sehen die jungen Leute, die in den Kneipen herumsitzen, genauso harmlos aus wie die in Berlins Szenekneipen.

Wir sprechen mit Jonas über die Krise. Wo ist sie eigentlich – außer in den Staatsbilanzen und den Medien? Durch die Altstadt wälzen sich schon jetzt, Ende März, Touristen aus aller Welt. In der Fußgängerzone glitzern die Schaufenster. Der Autoverkehr brummt, trotz 1,80 Euro pro Liter. Kurz, Athen sieht aus wie eine funktionierende, europäische Stadt, das heißt, wie eine Stadt, die ihr Möglichstes tut, um die Ökobilanz des Planeten zu verschlechtern.

Was Jonas erzählt, ist gewiss ernst zu nehmen, bleibt aber merkwürdig unvereinbar mit dem Gesamtbild: dass in seinem Freundeskreis fast alle arbeitslos seien. Dass die Gehälter der Griechen, einem neuen Gesetz zufolge, gekürzt werden dürfen usw. Ihm selbst jedoch, einem Übersetzer, gehe es immer noch gut. Er bewohne noch immer seine Hundert-Quadratmeter-Wohnung in Exarchia. Seine arbeitslosen Freunde gründeten kleine Unternehmen. Die Leute hätten kein Geld, aber irgendwie gehe es weiter.

Im Übrigen hält er die griechische Krise für hausgemacht. Er hat siebzehn Jahre in Deutschland verbracht und hält offenbar nicht sonderlich viel von seinen Landsleuten. Der griechische Schlendrian geht ihm auf die Nerven. Am griechischen Fahrstil will er das Wesen des Griechen erklären: Der Grieche, sagt er, fahre mitten auf der Straße, zwischen den Spuren, weil er sich nicht vorschreiben lassen wolle, wo er zu fahren hat – *aus Prinzip*.

Siebenter Tag. Streik in Griechenland! Ausgerechnet die Polizei streikt, und was wir davon mitkriegen, ist eigentlich nur, dass die Stelle, wo der Bus zum Flughafen hält (dort wollen wir unser gebuchtes Mietauto abholen), mit rotweißen Bändern abgesperrt wird: Warum? Ich schnauze den Polizisten an, aber der Mann reagiert ruhig, fast sanft. Würde man einen französischen Gendarmen so anschnauzen, man würde vermutlich eingesperrt.

Dann in Richtung Delphi. Nun habe ich die Gelegenheit, selbst mit dem griechischen Fahrstil Bekanntschaft zu machen. Wie fahren die Griechen?

Sie fahren, als würden sie Schrift und Zahlen nicht kennen. Sperrlinien oder Stoppschilder interessieren sie nicht, schon gar keine Geschwindigkeitsbegrenzungen (die allerdings so idiotisch aufgestellt sind, dass einem gar nichts anderes übrig bleibt, als sie zu ignorieren). Stoppschilder stehen praktisch an *jeder* Vorfahrtsstraße, wohl aus Angst, die Griechen könnten ein einfaches Vorfahrtsschild ignorieren, und der dicke weiße Trennstrich zur Standspur dient ausschließlich dazu, überfahren zu werden, um den Überholvorgang zu ermöglichen – und ich gebe zu, dass ich mich eine Weile ärgere, bis mich eine Bemerkung Martinas besänftigt: Sie fahren, sagt sie, zumindest nicht aggressiv!

Und das stimmt. Sie fahren unvorschriftsmäßig, aber freundlich. Sie fahren leichtsinnig, aber nicht aggressiv. Selbst die Motorradfahrer, die einen mitunter, den Rückspiegel streifend, im Stadtverkehr überholen, scheinen nicht beweisen zu wollen, dass sie schneller sind, sondern wollen einfach nur vorwärtskommen …

Der Parnass leuchtet weiß in der Ferne. Da oben liegt nicht nur Schnee – auf dem Weg nach Delphi kommen wir sogar an einem regelrechten Wintersportort vorbei. In der prallen Sonne und bei zwanzig Grad Außentemperatur stehen Skier zum Ausleihen.

Dann also Delphi. Große Erwartungen, natürlich. Mystischer Ort. Man denkt an Ödipus, an Alexander den Großen. Natürlich: Massen von Touristen, trotz der frühen Jahreszeit. Russen, Japaner – warum nenne ich gerade sie? Haben die Russen oder Japaner nicht das Recht, Delphi anzusehen? Haben nicht überhaupt *alle* das Recht, Delphi anzusehen?

Das Erstaunliche ist, dass Delphi trotz allem etwas von seiner Magie behält. Noch nie habe ich an einem Ort, in dem Touristen – ja, auch ich bin Tourist! – herumtrampeln, etwas empfinden können. In Delphi gelingt das. Ein wahnwitziger Ort. Schon die Lage in den Felshängen des Parnass ist überwältigend. Der Apollo-Tempel, wo die Pythia unter dem Einfluss von (möglicherweise natürlichen, aus einer Erdspalte austretenden) Gasen orakelte, schiebt sich auf schwindelerregende Weise über das Tal. Aber es ist auch das: Man fühlt sich, *ich* fühle mich in meinem Unglauben erschüttert: Kann das, was hier über Jahrhunderte, vielleicht Jahrtausende mit so viel Ernst und Aufwand betrieben wurde, wirklich nur Hokuspokus gewesen sein?

Mühelos finden wir ein schönes kleines Hotel am Rand von Itea, direkt an einer Ausbuchtung des Korinthischen Golfs. Nur nachdem wir in einem kleinen Hafenrestaurant, wo wir die einzigen Gäste sind, gegessen haben, stellen wir fest, dass das eigentliche Itea erst einen knappen Kilometer weiter beginnt. Dort gibt es den «richtigen» Hafen mit Promenade und Restaurants, die um diese Jahreszeit allerdings vorwiegend eine Ansammlung leerer Stühle darstellen.

Gottesdienst in der Kirche. Es ist der Vorabend des National-feiertags: 1821 begann der Widerstand gegen die Jahrhunderte dauernde osmanische Herrschaft. Lange stehen wir vor der Kirche. Die Ankommenden küssen ein Heiligenbild, manche andeutungsweise, manche mehrmals mit Inbrunst, die Frage der Hygiene stellt sich dem Gläubigen offenbar nicht. Die kleine Kir-che reicht für die Gemeinde nicht aus, allmählich füllt sich der Vorplatz. Die Menschen lauschen dem Singsang des orthodoxen Priesters, der durch ein Megaphon an der Kirchturmspitze nach draußen übertragen wird. Und wenn ich mich hierdurch schon an Pionierferienlager und Erste-Mai-Demo in der DDR erinnert fühle, so erst recht durch den Umzug, der nach dem Gottesdienst folgt: mit Pauken und Trompeten! Nur dass die Uniformjacken der jungen Menschen nicht blau, sondern rot sind.

Achter Tag. Richtung Olympia. In einer Kleinstadt, die wir durch-fahren wollen, ist die Hauptstraße wegen des Nationalfeiertags gesperrt. Wir verirren uns, das Navi schießt uns auf eine schma-le, sich in die Höhe windende Straße. Mehrere Stunden sind wir durchs Gebirge unterwegs, schöne Ausblicke, aber mit der Zeit doch eintönig: Berge, Berge … Zicken und Kühe laufen uns vors Auto. Menschen sind nie zu sehen. Die wenigen Dörfer wirken ärmlich, verlassen, die Höfe unaufgeräumt, Müll, verwahrloste Wellblechkonstruktionen. Man fragt sich, wovon die Leute in dieser kargen Landschaft leben.

Endlich die Brücke über den Golf hinüber zur Peloponnes. Patras: die sich allmählich verfestigende Einsicht, dass Griechen-land keine Ähnlichkeit mit Italien hat. Keine mittelalterlichen

Städte und Dörfer, kein Campo de' Fiori. Wie kommt es, dass die Griechen dem Alten gegenüber so rücksichtslos sind? Ist der Blick für die eigene Geschichte durch die langen Perioden der Fremdherrschaft verstellt? Im Grunde war Griechenland seit dem zweiten Jahrhundert besetzt: Rom, Byzanz, das Osmanische Reich. Ist es ein Wunder, dass zum Beispiel das türkische Mittelalter architektonisch so gut wie ausgemerzt ist? Die Antike war Baumaterial. Und aus der byzantischen Zeit stehen bloß noch die Kirchen.

Wir fahren ans Meer. Wir haben uns vorgestellt, unterwegs irgendwo an der Küste zu übernachten. Aber die Küste ist um diese Jahreszeit ausgestorben, die Hotels geschlossen. In Arkoudi finden wir nicht mal ein Restaurant. Uns bleibt schließlich nichts anderes übrig, als nach Pyrgos weiterzufahren – eine interessante Erfahrung: Normalgriechenland. Wir suchen eine Stunde nach einem typisch griechischen Restaurant, schließlich wird uns mehrmals und nachdrücklich das *El Greco* empfohlen. Hier gibt es Burger und Pizza. Die Tischdecken tragen ein Pilsner-Urquell-Logo. Und vermutlich hatten die, die uns das Restaurant empfohlen haben, vollkommen recht: *Das* ist Griechenland! *Das* ist typisch griechisch!

Neunter Tag. Olympia. Am Morgen halten wir, um zu frühstücken, in einem kleinen Dorf kurz vor Olympia. Nur ein *Kafeion* (eigentlich nur für Männer) ist geöffnet, und auf die Frage, ob es Frühstück gebe, macht der Wirt diese wunderbare, übrigens auch bei den Bulgaren übliche Kopfbewegung für Nein: kein Nicken eigentlich, sondern ein zuckendes Kopfheben, wobei er, die Augen nach oben verdrehend, jenes merkwürdige Wort *Ochi* hervorstößt.

Das griechische Ja heißt hingegen *Ne*, verwirrend genug, und die entsprechende Kopfbewegung für Ja, falls sie vollführt wird, ist zwar kein Kopfschütteln, aber ein Kopf*wackeln*, eine Geste, die eher *Na mal sehen* oder *Nicht ausgeschlossen* auszudrücken scheint. Schwer vorstellbar, dass Achill auf ebenso unentschlossene, weiche Weise zugestimmt haben soll. Ja, ich gebe zu, ich versuche hin und wieder, sie in den Neugriechen wiederzuerkennen – die alten Helden.

Wir trinken jeder zwei Tassen griechischen Kaffee im *Kafeion*, die Wirtin stellt uns noch ein paar Süßigkeiten dazu, und als wir am Ende bezahlen wollen, wehrt der Wirt ab: Wir sind eingeladen! Kann man sich vorstellen, dass ein deutscher Wirt zwei griechische Touristen einfach mal so zum Kaffee einlädt – auch ohne Krise?

Dann also Olympia. Was mich am meisten überrascht: dass das Stadion keineswegs den Mittelpunkt bildet, sondern, eine schlichte Sandfläche mit grasbewachsener Böschung, am Rande, ja fast außerhalb des eigentlichen Heiligtums liegt. Im Zentrum der Kultstätte: der Tempel des Zeus, zu dessen Ehren hier gelaufen und gerungen wurde. Dass die ganze Anlage eine vorgriechische, womöglich matriarchalisch geprägte Epoche erlebt hat, geht u. a. aus der Tatsache hervor, dass an dem Ort, wo der Tempel der Hera steht, ursprünglich eine Fruchtbarkeitsgöttin verehrt wurde. Anscheinend lässt sich ja die halbe griechische Mythologie als Kampf der neuen, patriarchalischen gegen die alten matriarchalischen Gottheiten deuten. Schön, zu denken, dass das, was wir heute als antik und ursprünglich empfinden, einmal als neu, ja, möglicherweise als neumodisch erlebt worden ist.

Im Übrigen ist Olympia flach, weitläufig und baumreich. Wir

sind recht früh da, es ist bewölkt, nieselt sogar leicht. Man sieht nur wenige Leute, aber von den wenigen erliegen doch viele der Versuchung, sich an den marmornen Startblöcken fotografieren zu lassen und das Stadion – die hundertneunzig Meter – abzulaufen, wobei ihnen meist schon auf halber Strecke die Puste ausgeht.

Museum. Meine Krankheit besteht vielleicht darin, dass ich mich für Geschichten immer mehr interessiere als für Bilder. Was mich im Olympischen Museum am meisten beglückt, ist, den Ursprung des Namens Peloponnes zu erfahren, welcher nämlich vom Pelops herrührt. Dieser hatte um die Tochter des Königs Oinomaos angehalten, welcher in Olympia regierte. Oinomaos aber war prophezeit worden, vom Mann seiner Tochter ermordet zu werden, und er forderte jeden Bewerber zum Wagenrennen auf, das er stets gewann, weil er die schnellen Pferde des Ares führte. Dreizehn Bewerber wurden geschlagen und anschließend auch noch ermordet, bevor Pelops mit den Pferden des Poseidon ankam. Er besiegte Oinomaos und brachte ihn vorsorglich um, interessanter Fall einer *self-fulfilling prophecy*, denn was blieb Pelops übrig, nachdem Oinomaos alle anderen Freier umgebracht hatte?

Dann kurven wir durch Arkadien und suchen eine Unterkunft hier, und sei es nur, um sagen zu können: Auch wir waren in Arkadien! Aber die von den Dichtern verklärte Idylle erweist sich – wie kann es anders sein – als Enttäuschung. Die ewigen Berge, Dörfer, in denen man nie jemanden sieht, und neben den halbfertigen Bauten (angeblich lässt man hier aus steuerlichen Gründen die obere Etage gern unvollendet) sehen wir immer mehr regelrechte Invest-Ruinen.

Schließlich, auf der Höhe von Megalopolis, der Kohlestadt,

beschließen wir, bis Nafplio durchzufahren, wo uns gleich zwei Freunde, unabhängig voneinander, das «Hotel Byron» empfohlen haben.

Ankunft in Nafplio spätabends. Das Garmin-Navi lässt uns vollkommen im Stich. Nach langen Irrfahren durch schmale, eigentlich nur für Fußgänger zugelassene Gassen (übrigens regt sich niemand darüber auf, obwohl ich fast die Stühle der Restaurants umfahre) finden wir endlich heraus, dass das Hotel an einer unbefahrbaren Stiege liegt: *Platonos* – aber die Suche lohnt sich. Wenn man schon nach Nafplio kommt, sollte man hier wohnen, und zwar in einem der beiden Balkonzimmer.

Zehnter Tag. Zugegeben, nach Pyrgos und der arkadischen Einöde wirkt Nafplio, übrigens die erste Hauptstadt Neugriechenlands, angenehm. Auch wenn die Häuser der Altstadt kaum älter als hundert Jahre sind – nichts im Vergleich zu, sagen wir mal, Bautzen, ist man wenigstens nicht von Sechziger-Jahre-Bauten umgeben. Ein Hafen, verwinkelte Gässchen, eine venezianische Burganlage über der Stadt. An Touristen mangelt es hier Anfang April noch, aber die Läden in der Altstadt haben schon geöffnet und wirken angesichts der Leere in den Gassen besonders pompös und überladen. Man kann gar nicht beschreiben, was da alles verkauft wird, nutzloses, buntes Zeug, *traditional greek*, oder auch Kopien alter amerikanischer Postkarten, Puppen, Mützen, Muscheln, Aufkleber usw. Wir essen noch einmal *traditional greek food* in einer jener Tavernen, vor denen die Kellner stehen und zum Restaurantbesuch animieren.

Aber nur wenige hundert Meter weiter, im normalen, im wahren Nafplio, passiert es mir, dass ich auf einmal für Augenblicke das Gefühl habe, gar nicht in Griechenland zu sein, sondern in der Fußgängerzone von Duisburg oder Gelsenkirchen: Die gleichen Autos, die gleichen Schaufenster, die gleiche, blinkende Telefonwerbung, die gleichen Bilder, die ich auf meinen Reisen durch Europa überall sehe und gesehen habe ...

Elfter Tag. Halbinsel Methana. Wir fahren eine Runde um die etwas abgelegene Halbinsel Methana. Der Strand auf der Peloponnes besteht aus mehr oder weniger großen Steinen. Hier sind sie ziemlich groß – so groß, dass man sich eigentlich nur auf die blauen Bänke setzen kann, die in regelmäßigem Abstand aufgestellt sind.

Hoch ins Gebirge: Plötzlich gibt es Wald. Liegt es am vulkanischen Staub, der die Hänge bedeckt? Nach einem Vulkanausbruch – vor langer Zeit – züngelte die Lava bis an den Rand der winzigen Ortschaft, an der wir vorbeifahren.

Wanderung durch das rötliche Gestein. Postkartenaussichten. Zwischen den Felsbrocken herrliche Anemonen. Jetzt wird es richtig warm, sodass nur noch ein T-Shirt nötig ist.

Am Schluss unserer Runde, in der kleinen Ortschaft Vivari, finden wir eine Kneipe am Wasser, die zwar auch auf Touristen eingestellt ist; die einzigen Touristen sind jedoch wir, und der Fisch, der frittiert wird, ist frisch: Wir dürfen uns ihn selbst auswählen.

Zwölfter Tag. Mykene. Wir verlassen Nafplio und fahren nach Korinth – über Mykene: die Antike falsch herum. Mit der klassischen Antike haben wir angefangen. Jetzt Mykene, zum Schluss werden wir Knossos sehen.

Der Gründer von Mykene ist Perseus, ein Sohn des Zeus (in Griechenland weiß man nie, wo der Mythos aufhört und die

Geschichte beginnt). Nach dem Aussterben seines Geschlechts wird Atreus, übrigens ein Sohn des Pelops, zum König gewählt. Dessen Sohn wiederum ist Agamemnon. Dieser führt sein halbes Leben lang Krieg gegen Troja, opfert seine Tochter und wird dafür vom Geliebten seiner Frau im Bad auf der Burg von Mykene erschlagen.

Da stehen wir nun, vor dem Löwentor, das Christa Wolf uns DDR-Bürgern schon vor dreißig Jahren in den Kassandra-Vorlesungen beschrieben hat. Von Schulklassen, die wild durchs Gelände stürmen, stand da nichts zu lesen. Wohl aber erinnere ich mich an den Neid, den ich empfand, als jemand, der nicht im Besitz eines Reisepasses war.

Obwohl weniger gut erhalten als die Akropolis, beeindruckt Mykene mich viel mehr. Vielleicht liegt es daran, dass die Figuren Homers meine Phantasie beflügeln? Ich taste mit den Augen die Grundmauern ab und frage mich, wo wohl das Bad war, in dem Aigisthos Agamemnon erschlug.

Mittags sitzen wir am berühmten Isthmus, auf der Seite des Saronischen Golfs, in einem der Cafés und schauen den Schiffen zu, die von Schleppern durch den Kanal bugsiert werden. Die alten Griechen haben ihre Schiffe sechs Kilometer weit übers Land gezogen, nicht weil sie unfähig gewesen wären, einen Kanal zu bauen, wie mir ein Historiker einmal erzählt hat, sondern aus Ehrfurcht vor der Natur. Am nördlichen Ende des Kanals ist noch ein Stück dieser gepflasterten Schiffsstraße zu sehen.

Dreizehnter Tag. Wir haben in Alt-Korinth geschlafen. Nach Olympia und Mykene verzichten wir darauf, die archäologische Stätte hier zu besuchen. Stattdessen stöbern wir jetzt tatsächlich ein bisschen in den Kitschläden herum, kaufen ein Pfund korinthischer Korinthen und fahren dann ab nach Piräus. Von hier aus wird morgen unsere Fähre nach Kreta gehen.

Wir lassen uns Zeit, fahren nördlich der Autobahn die südliche Golfküste ab, versuchen sogar einmal, zu baden, aber der Wind bläst ungemütlich und kalt, der Strand ist grau und von Müll bedeckt. Noch einmal essen wir in einem – von Griechen – voll besetzten Restaurant frittierten Fisch, der recht gut ist, aber auch frittierter Fisch kann einem irgendwann zu viel werden.

Seltsamer Fund, den wir mitten in den Bergen, auf dem Weg von Korinth nach Piräus, machen: Unweit des Dorfes Perachora sehen wir zufällig, weil ich mal in die Büsche muss, einen eingezäunten und von Hunden bewachten Autofriedhof, ausschließlich mit Ost-Autos – Wartburgs, Ladas, sogar ein alter Barkas ist dabei ...

Schon im Dunkeln trudeln wir in Piräus ein, singen das *Mädchen von Piräus* und denken amüsiert daran, wie uns vor einigen Jahren in Lissabon ein Akkordeonspieler, der unter unserem Hotelfenster stand, mit der endlosen Wiederholung dieses Liedes auf die Nerven gegangen war ...

Vierzehnter Tag. Am nächsten Vormittag, noch in Piräus, ein Spaziergang zum Yachthafen. Von den Restaurants und Cafés ringsherum darf man die millionenschweren Privatschiffchen bewundern, viele mit griechischen Flaggen am Heck. Nebenan auf dem Gehweg klaubt ein Mann mittleren Alters eine Zeitung aus dem Mülleimer.

Mittags in Athen, auch Theo ist wieder da (wo war er inzwischen – Deutschland, Finnland, Grönland?). Wir besuchen ihn in der Wohnung seiner Freundin Melina, Übersetzerin und Lyrikerin. Sie wohnt in einem hellen, kleinen Zwei-Zimmer-Apartment, zentral, aber direkt über einer verkehrsberuhigten Zone, 60 Quadratmeter für 280 Euro, mit Fahrstuhl sogar.

Mit ihr, der Tochter eines hohen Polizeioffiziers, sprechen wir über die Diktatur. Zwar war sie während dieser Zeit noch ein Schulkind, doch erinnert sie sich. Öffentlich, auch in der Schule, durfte die Diktatur nicht kritisiert werden. Aber offenbar gehörte es, ähnlich wie in der DDR, zum guten Ton, kritisch eingestellt zu sein, wenngleich – eine Art Umkehrung der Umkehrung – etliche die Diktatur nicht vollkommen ablehnten. Offenbar empfanden viele sie als letzte Rettung in einer politisch und wirtschaftlich verfahrenen Situation. Tatsächlich verfolgt wurden «nur» Kommunisten. Die Ausreise blieb möglich. Und, wenn auch halb im Scherz, sagen viele angesichts der heutigen Krise, die Diktatur müsse wieder her.

Interessant: dass der Vater von Melina als höherer Beamter nach dreißig Jahren bei vollen Bezügen in Pension ging und ein Transportunternehmen gründete – der Grundstein für einen gewissen Wohlstand, von dem die Familie nun zehrt. Solche Reserven sowie die traditionelle Solidarität innerhalb der griechischen Familie sind sicherlich Gründe dafür, dass die Krise auf der Straße noch nicht offensichtlich ist: Man leiht sich Geld, man hilft sich gegenseitig. In Supermärkten kaufen die Menschen mehr, als sie brauchen – und lassen das Überschüssige als Spende für Notleidende zurück. Wieder die Frage: Kann man sich so etwas in Deutschland vorstellen?

Abends gehen wir zusammen mit Theo auf die Fähre nach Kreta.

Fünfzehnter Tag. Morgens um acht einer der schönsten Augenblicke. Zwei Stunden zuvor sind wir in Chania angekommen, haben uns im Hotel einquartiert und sind dann zum alten Hafen geschlendert, um zu frühstücken. Die Hafenanlage und die Altstadt sind, anders als etwa Nafplio, noch stark von der (nicht allzu langen) venezianischen Epoche geprägt: ein Hauch von Mittelalter. Schmale schiefe Häuschen, alte Lagerhallen, hier und da scheinen die Feldsteine durch. Das ganze hübsche Ensemble bildet einen fast geschlossenen Kreis um das Hafenbecken. Tatsächlich beginnen die zahlreichen Restaurants schon kurz nach acht Uhr morgens zu öffnen, aber noch ist kaum ein Besucher zu sehen. Wir suchen uns einen Platz ganz auf der Westseite, wo uns die ersten Sonnenstrahlen erreichen. Das Wasser glitzert, allmählich wird es warm, und das Einzige, was mich irgendwann zu stören beginnt, ist die Kellnerin des Nachbarrestaurants, die, wie in Griechenland üblich, mit einem Schlauch den Fußboden abspritzt, gründlich, mit enervierender Ausdauer. Wie lautete das Schild über dem Waschbecken in unserem Hotel:

Griechenland leidet an Wassermangel, bitte sparen Sie Wasser.

Später gehen wir durch die Stadt, stöbern in Buchläden. Irgendwie heilsam, zu sehen, wie wenig Beachtung mein Buch hier findet. Immerhin liegt es in den Läden aus, aber mit den wirklichen, den sozusagen systemischen Bestsellern kann es nicht konkurrieren. Auf den ersten drei Plätzen: drei Bände von *Shades of Grey*. Dass *In Zeiten des abnehmenden Lichts* überhaupt einen solchen Erfolg hat, bleibt trotz des Buchpreises ein kleines Wunder, und ich ärgere mich noch heute manchmal über den Dicken mit Segelohren, der mein Buch, als es in Deutschland auf Platz 1 der Bestsellerliste gestiegen war, reflexhaft ankläffte, statt die Literatur gegen die Blockbuster zu verteidigen.

Gegen Mittag besuchen wir das kleine Theater, in dem die Lesung stattfinden soll. Michaelis hat das Haus seiner Familie in ein Theater umfunktioniert, ein kleiner Held, der hier tatsächlich Handke und Pessoa spielt. Aber wie überall ist der sogenannte Kulturbereich der erste, wo in Zeiten der Krise gespart werden muss. Für jeden Mist gibt es Geld, für amerikanische Actionfilme, für Anleger, die sich verspekuliert haben, für Fußballübertragungsrechte, nur nicht für das, was Menschen tatsächlich bereichern, was ihre Vorstellungskraft stärken und ihre Fähigkeit zu reflektieren, wahrzunehmen, zu empfinden verfeinern könnte.

Zur Lesung in Chania kommen vielleicht zwanzig Leute (einschließlich Hunden, Katzen und Familienmitgliedern), ein Negativrekord. Eine Journalistin befragt mich vor der Veranstaltung zur europäischen Krise (und nur dazu) und rennt anschließend los, ohne die Veranstaltung selbst zu besuchen.

Lustig: Es gibt hier tatsächlich eine «Theaterkatze». Sie ist weiß und hat zwei verschiedenfarbige Augen, eins grün und eins blau. Auf kretischen Postkarten haben wir schon mehrere Katzen mit verschiedenen Augen gesehen, und Michaelis bestätigt, dass dies auf Kreta keine Besonderheit sei. Weiße Katzen mit blauen Augen sind taub, wie man weiß. Was ich allerdings nicht wusste: dass dafür auch ein blaues Auge ausreicht …

Sechzehnter Tag. Wir machen mit Theo einen Ausflug zu einem Bergdorf, wo ein Freund von ihm kürzlich begraben worden ist. Anders als ich es aus Südspanien oder Mexiko in Erinnerung habe, ruhen die Toten nicht in Grabkammern, sondern werden in der Erde bestattet. Nur thront über dem Grab eine Art Scheinsarkophag, ein großer, rechteckiger Kasten aus weißem Marmor, genauer gesagt: mit weißem Marmor verkleidet. Der eigentliche Sarkophag besteht aus dem neuen Lieblingsbaumaterial: Beton. – Mit den besten Grüßen an die Archäologen der Zukunft!

Nachmittags sind wir wieder mit Michaelis, dem Leiter des Theaters, verabredet. Eigentlich haben wir uns einen gemeinsamen Stadtspaziergang gewünscht, aber Michaelis und seine Frau verladen uns zusammen mit Theo in ihren winzigen Suzuki-Geländewagen und fahren uns durch wunderschöne Täler und Schluchten hinauf zu dem in den Bergen gelegenen Restaurant *Aimilias*.

Die dazugehörige Aimilia ist eine schöne Siebzigjährige in schwarzen Kleidern. Sie empfängt uns an der Tür: Ihr Sohn werde sofort vom Schafe-Melken zurückkommen und kochen. Und tatsächlich sieht ihr Sohn dann so aus, als würde er gerade vom Schafe-Melken kommen: ein freundlicher Riese mit prallen, rotbraun gerösteten Unterarm-Würsten, daran Pranken, zwischen die man nicht geraten möchte.

Wir essen – wie immer, wenn uns Einheimische irgendwo hinführen – phantastisch (ich erinnere mich besonders an die Zicke und an das geräucherte Schwein). Natürlich besteht Michaelis, dessen Theater am Rande des Ruins steht, darauf, zu bezahlen. Ich versuche, Theo unter dem Tisch meine Brieftasche zuzustecken und fordere ihn (auf Deutsch) auf, die Sache heimlich mit Aimilia zu regeln – aber sie nimmt kein Geld von uns an. Wir seien hier Gäste, sagt sie, die Kreter müssten bezahlen! Michaelis schlägt sich auf die Schenkel vor Freude.

Ich bitte Theo, Aimilia zu fragen, was sie von der Krise hält. Krise? Vor fünfzig Jahren, sagt sie, da war Krise. Da war das Leben schwer. Aber heute – was ist das schon für eine Krise!

Ein schöne Antwort, die mich nachdenklich stimmt: Ist es nicht touristischer Snobismus, auf dem Althergebrachten zu bestehen? Sollen die Griechen noch heute in fensterlosen Hütten wohnen, damit wir Ausländer die griechische Ursprünglichkeit besichtigen können? Aber andererseits: Gibt es den Fortschritt nur in der alles nivellierenden, lebensfeindlichen, ausschließlich am Markt orientierten Version?

Siebzehnter Tag. Auf dem Weg nach Knossos kurzer Halt in Rethymno an der Nordküste. Der Hafen und die Altstadt ähneln Chania. Der winzige Unterschied: Zum ersten Mal in Griechenland sehen wir ein paar traditionelle türkische Häuser, die man an der vorspringenden hölzernen zweiten Etage erkennt. Ansonsten scheint die mehrhundertjährige türkische Anwesenheit ausgelöscht. Das griechisch-türkische Verhältnis ist noch immer schwierig. Obwohl beide Länder Nato-Partner sind, galt die Aufrüstung Griechenlands noch bis vor kurzer Zeit der Prävention eines türkischen Angriffs.

Dann also Knossos. Was am meisten überrascht: auf einer so kleinen Insel einen solchen Palast zu finden! Und obwohl die minoische Kultur – die wahre Wiege Europas – noch tausend Jahre älter ist als die mykenische, ist der Palast von Knossos wesentlich besser erhalten als der von Mykene, wenngleich hier in Knossos sichtlich mehr rekonstruiert worden ist. Allerdings wird die frühe Restaurierung durch Arthur Evans von heutigen Archäologen mitunter als «Disneyland-Restaurierung» verspottet. Evans hat Fresken wiederhergestellt und Farben aufgetragen. Das mag spekulativ sein, aber dem durchschnittlichen Besucher – mir jedenfalls – ermöglicht dies, sich aus den farblosen Trümmern eine ungefähre Vorstellung vom lebendigen Palast zu bilden.

In Iraklion sind wir mit Konstantinos, einem Verlagsvertreter, verabredet: ein schmächtiger, schlanker Mann in Begleitung einer auf anziehende Weise üppigen Psychologin. Wir essen, nein, nicht *traditional greek*, sondern echt kretisch (leicht gesäuertes Risotto aus einheimischem Reis mit geschmorten Ziegenrippchen), sprechen über die desaströse Situation auf dem Buchmarkt und über die Krise. Konstantinos neigt zu Verschwörungstheorien und verdächtigt Merkel, von irgendwem beauftragt zu sein, die griechische Wirtschaft durch die Unterbindung des Exports, zum Beispiel von Oliven, niederzumachen. Zwar liegt das Problem in diesem Fall wohl an den alten, griechischen Olivensorten, die besser schmecken, sich aber nicht maschinell abernten lassen und deswegen teurer sind. Aber grundsätzlich hat er nicht so unrecht, da Deutschland die anderen EU-Länder ja tatsächlich zu Tode zu exportieren droht, und zwar weil die Löhne in Deutschland zu *niedrig* sind! Das ist ein Gedanke, der Konstantinos ziemlich verblüfft. Unter anderem sind es die neuen Teilzeitarbeiter und Wenigverdiener, die zur Senkung der durchschnittlichen Arbeitskosten in Deutschland beitragen. Auf dem Rücken der Ärmsten werden die Interessen der deutschen Industrie durchgeprügelt, was in der Politikersprache dann *Niedriglohnsektor* heißt. – Sektorengrenze: schöner, neuer Sinn. Die Grenze, sage ich zu Konstantinos, verläuft nicht zwischen den Deutschen und den Griechen, sondern zwischen denen, die immer reicher, und denen, die immer ärmer werden. Damit ist er einverstanden.

Achtzehnter Tag. Nach einer Nacht in einer hübschen Ferienwohnung, die wir noch spät am Abend in einem Weinbauerndorf finden, fahren wir, schroffes Gebirge passierend, an die Südküste Kretas. Ringsum sind plötzlich überall Gewächshäuser zu sehen, Gurken, Tomaten und auch Bananen werden angebaut. Martina wollte schon während der Fahrt immerzu die einheimischen Bananen probieren, aber in den Supermärkten gab es zumeist nur importierte. Auch in dem winzigen, beschaulichen Dorf, Arvi, gibt es keine zu kaufen, aber eine Frau, die Martinas Frage im Laden gehört hat, schenkt uns welche – und sie schmecken köstlich, haben jenen typischen, karamellartigen Bananengeschmack, der aus den handelsüblichen Sorten verschwunden ist. Warum essen die Griechen die eigenen Bananen nicht? Und warum liegen ein Stück außerhalb des Dorfs tonnenweise Gurken auf dem Müll?

Mirtos, Südküste. Eine lustige Kleinstadt, deren Bewohner alle ein bisschen aussehen wie in die Jahre gekommene Hippies. Alle wirken auch ein bisschen betrunken oder drogengeschädigt. Als wir eine Tür öffnen, an der per Schild die Vermietung von Zimmern angezeigt wird, finden wir eine unglaubliche, messihafte Unordnung vor, aus der eine ausgemergelte Frau buchstäblich auf allen vieren hervorkriecht, um uns zum Zwecke der Zimmerbesichtigung einen Schlüssel zu überreichen. Die Zimmer erweisen sich zwar als ganz passabel, wir ziehen es dennoch vor, weiterzufahren.

Die südlichste Stadt Europas heißt Ierapetra, schwierige Betonung auf dem ersten a, und trägt, so der Reiseführer, nordafrikanische Züge. Tatsächlich findet man hier einige maurisch anmutende Häuser, weiße Kuben ohne das griechische Ziegeldach, wenngleich die Straßen der Innenstadt sich im notorischen Sechziger-Jahre-Stil präsentieren.

In einer Art Gemischtwarenladen, wo wir – vergeblich – nach einem Handtuch fragen, wird uns anhand von Google Maps der genaue Weg zum nächsten in Frage kommenden Handtuch-

Laden erklärt; nach dem obligatorischen «Where do you come from?» schenkt uns der Besitzer ein Fläschchen dunklen, mit Beeren versetzten Raki ... Nichts gegen unseren freundlichen Eisenwarenhändler in der Greifenhagener Straße. Trotzdem frage ich mich wieder, ob es vorstellbar ist, dass einem Griechen so etwas in Deutschland passiert.

Vor einem Souvenirgeschäft bleiben wir stehen und betrachten halb erstaunt, halb amüsiert die russischsprachigen Schilder – ausreichend lange, um den Besitzer herauszulocken. Obwohl Grieche, sieht auch er aus wie ein vor langer Zeit zugereister, gealterter Hippie (struppige Haare, Schnauzbart und schwarze Tai-Chi-Kleidung), und sein Laden erinnert ein wenig an die chaotische Hotelrezeption in Mirtos.

Wir erfahren, dass seine Frau Norwegerin ist und dass sie anstelle des Ladens hier ursprünglich ein Restaurant hatten, was sich angeblich nicht mehr lohne – offenbar ist die Konkurrenz zu groß. Auch beschwert sich der Mann darüber, dass die deutschen Touristen seit einigen Jahren ausbleiben. Stattdessen kommen jetzt immer mehr Russen, die, wie er sagt, stets etwas kaufen – sobald man Russisch spricht. Spräche man nicht Russisch, machten sie jedoch auf dem Absatz kehrt und verließen den Laden.

Am Nachmittag entdecken wir ein Plakat, das wir kennen. Wir haben es, kaum zu glauben, vor einigen Tagen an der Eingangstür von Aimilia gesehen, jener Siebzigjährigen Wirtin im Bergdorf. Der junge Mann mit der Lyra, so hat uns Aimilia erzählt, sei ihr Enkel. Nun spielt er ausgerechnet heute hier in Ierapetra.

Um neun soll es beginnen. Das *Tsi Tsi* liegt im Zentrum der Stadt – ein Lokal, wie man es auch in Prenzlauer Berg finden könnte, großstädtisch, mit viel Glas, voller junger, meist schwarz gekleideter Menschen. Als es kurz vor zehn noch nicht begonnen hat, wollen wir schon gehen, aber dann erscheinen fünf Musiker auf der kleinen Bühne. Andreas Manoparakis ist keine fünfundzwanzig, seine Mitspieler kaum älter. Junge Menschen, die traditionelle Musik machen, übrigens elektronisch verstärkt, sogar mit einem elektronischen Schlagzeug. Und es ist wunderbare Musik! Keinerlei Ähnlichkeit mit der *traditional greek music*, aber auch nicht mit dem *Rembetiko*, den wir an unserem ersten Tag gehört haben. Es ist kretische Musik, mit deutlich arabischen Einflüssen, schwermütig und stolz und von einer gewissen, an die kretischen Berge erinnernden Schroffheit. Verrückt ist nicht nur, dass junge Musiker diese traditionelle Musik spielen, noch verrückter ist, dass all die schwarz gekleideten jungen Leute im Lokal diese Musik lieben und mitsingen. Sie kennen die Texte! Eine Weile beobachten wir einen dicken, bärtigen Mann, der die ganze Zeit still an seinem Tisch sitzt, nur die Lippen synchron zum Sänger bewegt. Später stehen sie auf und tanzen. – Und ich bin beschämt: «Früher haben die Griechen getanzt», habe ich vor vielen Jahren eine Deutsche in einem Theaterstück sagen lassen, «heute wollen sie so werden wie wir!» – Voreilig, wie ich nun zugeben muss: Sie tanzen! Da ist es also, das Griechenland, das ich ständig suche. Ein Stück davon jedenfalls, ein Rest, der der Globalisierung widerstanden hat, der Gleichschaltung durch die Quote, den Euro. Wie lange noch? Wie lange noch werden diese Menschen ihre Lieder an ihre Enkel weitergeben?

Neunzehnter Tag. Unser letzter Ausflug führt uns in die Lassithische Hochebene. Schon auf dem Weg dorthin eine große *traditional greek Kitschbude*. Ein beflissener Besitzer serviert uns *traditional greek Pizza* aus dem Supermarkt und erzählt uns, er sei der Enkel eines hundertfünfjährigen Olivenholzschnitzers.

Nein, er sagt nicht direkt, dass die vielen hundert Salatbestecke von seinem Großvater geschnitzt worden seien. Er steht nur vor den Salatbestecken und hält uns einen zerlesenen Reiseführer vor die Nase, in dem die Großvater-Schnitzgeschichte schwarz auf weiß dokumentiert ist. Kurze Zeit später erfahren wir, dass es unweit von hier eine kleine Manufaktur gibt, die solches Salatbesteck herstellt. So viel zum *traditional greek Großvater*.

Auf der Hochebene hat man früher Getreide angebaut. Man nutzte die Windkraft nicht nur zum Mahlen des Korns, sondern auch, um die Felder zu bewässern. Heute bewässert man die Felder mit Pumpen. Ein Programm der EU zur Wiederbelebung der Windkraft findet bei den Bewohnern wenig Anklang. Die verrosteten Gerippe der alten Windräder stehen in der Landschaft herum, nur hin und wieder werden sie wiederaufpoliert und bespannt, vornehmlich an solchen Orten, wo draußen angeschlagen steht: *My goworim po russki* (Wir sprechen Russisch).

Tzermiado, das Städtchen im Zentrum der Ebene scheint noch einigermaßen vom Tourismus verschont. Die einzigen Ausländer, denen wir begegnen, sind ein paar dunkelhäutige Gastarbeiter, die am Feldrand zusammengekauert ihre Mittagspause machen.

Von Tzermiado aus unternehmen wir eine Wanderung zu einer kleinen, noch höher gelegenen Ebene. Eigentlich haben wir vor, uns unterwegs in die Sonne zu legen, ein bisschen auszuruhen, aber die steinigen, spärlich von Disteln und Hartlaubgewächsen bedeckten Hänge, lassen dies nicht zu. Erst am Ziel, an der kleinen Ariadne-Kapelle (in deren Gästebuch ich einen Gruß an meine streng orthodoxe, russische Großmutter schreibe), finden wir einen lauschigen, wenngleich kühlen Platz unter einem weiß blühenden Obstbaum, und während wir vor uns hindösen, klingen von überall her die Glöckchen der rings in den Bergen weidenden Ziegen an unser Ohr ...

Letzter Tag. Baden bei 26 Grad. Ein paar Mitbringsel einkaufen. Zum letzten Mal Fisch (frittiert). Dann ist nur noch das Auto am Flughafen abzugeben; zu hoffen, dass der winzige Kratzer an der Stoßstange unbemerkt bleibt.

Warten auf den Abflug, der sich wegen starker Böen verzögert. Flughafenkatzen fotografieren. Ein paar letzte Notizen machen, die ich, falls wir nicht abstürzen, zu Hause ordnen und abschreiben werde. Die letzte lautet: seltsam, dass ich *frappé* ausgerechnet in Griechenland kennenlerne.

Das kommt mir – angesichts meiner fortwährenden Beschwerden über die Globalisierung – jetzt doch irgendwie dämlich vor.

BUDAPEST

Wenn man heute nach Ungarn reist, fragt man sich natürlich, ob Ungarn unter Orbán tatsächlich, wie gesagt wird, auf dem Weg zur Diktatur ist.

Die Mitarbeiterin des Goethe-Instituts, die mich am Flughafen abholt, Frau Kunze, seit DDR-Zeiten in Ungarn verheiratet, scheint davon überzeugt zu sein, ja, sie scheint Ungarn schon jetzt als eine Art Diktatur zu betrachten: offener Antisemitismus, Besetzung von hohen Ämtern durch eigene Leute, wirtschaftlicher Niedergang, Horthy-Verehrung usw. In der Regierungszeit Orbáns wurde schon vier Mal die Verfassung geändert, um, jedenfalls Frau Kunze zufolge, dessen Macht zu zementieren.

Man fragt sich, wie Orbáns Fidesz-Partei eine Zweidrittelmehrheit erreichen konnte und besonders, wie es sein kann, dass Fidesz laut Umfragen immer noch eine Mehrheit hat, wenn auch keine Zweidrittelmehrheit – allerdings bei erwartet niedriger Wahlbeteiligung.

Vor dreißig Jahren war ich das letzte Mal in Ungarn, mit Tine. Davor einmal mit Christel, da war ich vielleicht achtzehn. Beide Reisen waren nicht angenehm. Mit Christel war ich zuerst am Balaton. Dort ist mir ein lausiger Zeltplatz an Bahngleisen in Erinnerung, auf dem wir Ossis campierten. Westmark-Besitzer wohnten in schicken Hotels. Schon wenn wir ein solches betraten, bekamen wir die abfälligen Blicke der Hotelangestellten zu spüren und wurden sogleich hinauskomplimentiert. Nie zuvor hatte ich mich so sehr als Mensch zweiter Klasse gefühlt.

Nach dem Balaton dann Budapest. Vorgeschichte: Eine ungarische Arbeitskollegin meines Vaters und ihre Söhne hatten bei uns gewohnt. Ich erinnere mich, dass ich ihnen Potsdam zeigte und sogar eine Bootsfahrt mit ihnen unternahm. Ich erinnere mich auch, dass sie entsetzt darüber waren, dass ich Dante nicht gelesen hatte, und daran, dass mein Vater dem älteren Sohn, der etwas später abfuhr, etwas Geld schenkte, weil er sonst auf der Rückreise mit dem Benzin nicht hingekommen wäre, wobei man sagen muss, dass er mit einem nagelneuen VW Käfer zurückfuhr, den die Familie in Westberlin erworben hatte.

Im Gegenzug sollten meine Freundin und ich eine Woche in Budapest bei ihnen wohnen. Stattdessen wurden wir – mit dem nämlichen VW – gleich in ein Fremdenzimmer verfrachtet, das wir natürlich selbst bezahlen mussten. Ein Riesenproblem, weil die Tagessätze, die man umtauschen durfte, aus mir unbegreiflichen Gründen damals stark limitiert waren: irgendwelche dreißig Ostmark pro Tag, eine Summe jedenfalls, die kaum für die Übernachtung ausreichte. Wir hungerten beinahe, um ein Rockkonzert besuchen zu können und eine Pink-Floyd-Platte zu kaufen, die ich auf der Rückfahrt im Klospiegel einschraubte, um sie vor den DDR-Grenzkontrollen zu schützen, und zwar aus Sicherheitsgründen nicht in unserem, sondern im nächsten Wagen. Leider war dieser Wagen am nächsten Morgen abgehängt …

Ansonsten ist mir nur noch ein Kinobesuch in Erinnerung: *Easy Rider* – ein Amerika-kritischer Film, den es in der DDR nicht zu sehen gab, und man fragt sich, warum eigentlich nicht.

Etwa zehn Jahre später dann der kurze Budapest-Besuch mit Tine. Wir wohnten wieder in einem Fremdenzimmer. Die alte Wirtin war auf einschmeichelnde Weise freundlich, was ins Gegenteil umschlug, als wir die Espressokanne zu lange auf dem Herd stehen ließen und den Gummi versengten. Jetzt forderte sie, dass wir eine komplett neue Kanne kauften. Ob wir das taten, weiß ich nicht mehr, und ich erwähne es, weil es im Grunde das Einzige ist, was ich von dieser Reise erinnere. Aber es gibt ein Gedicht, das ich auf dem Rückweg, ich glaube im Flugzeug, verfasst habe:

Abschied von Budapest

Eine gewöhnliche Verspätung
Eine Transitraumbekanntschaft
Das professionelle Lächeln der Stewardessen
Hot Dogs & Videoshows
Magengeschwüre aus aller Welt
Die notorische Leere in meiner Brust
Und in meinem Haar noch dein Atem
Der warme Atem deiner Metrostationen
Den du jedem ins Haar bläst
Für einen Forint

Nun also wieder in Budapest. Das Donau-Ufer zwischen Burg und Parlament ist noch immer bombastisch, wenn auch nicht mehr so verblüffend und einschüchternd wie einst. Ansonsten ist Budapest eine normale europäische Metropole. Im Gegensatz zu früher wirken die Häuser außerhalb der historischen Innenstadt ein wenig verwahrlost. Auf der Váci utca – der Name dieser damals für uns hochinteressanten Einkaufsstraße fällt mir erst ein, als ich das Straßenschild sehe – werden Thai-Massagen und Tourismuskram angeboten. Dieselben Schals glaube ich eben noch auf Kreta gesehen zu haben. Nur die Schapkas und russischen Offiziersmützen gibt es auf Kreta nicht, dafür aber am Alex und gewiss in jeder osteuropäischen Hauptstadt.

Es ist Mittwochnachmittag, und ich gehe, kaum dass ich im Hotel eingecheckt habe, gleich Richtung Donau, um an die früheren Aufenthalte anzuknüpfen. Die typischen Kaffeehäuser mit kaiserlich-königlichem Restcharme, die ich in der Nähe der Váci utca in Erinnerung habe, gibt es nicht mehr – oder hat es nie gegeben. Cappuccino beim Italiener.

Am späten Nachmittag gleich wieder zum Italiener: das Essen mit Goethe-Institut, Verleger und László, meinem Übersetzer, sowie einem in Ungarn lebenden deutschen Professor, der am nächsten Tag in der Uni moderieren wird. Es gibt einen überraschend trockenen, leichten Tokajer Furmint – früher hieß so der typische schwere Dessertwein aus Tokaj, bei dem Martina und ich uns kennengelernt haben. Gespräche natürlich über die «Diktatur», die das düstere Bild mehr oder weniger zu bestätigen scheinen.

Am nächsten Morgen im Hotel, Beobachtungen beim Frühstück, damit könnte man Seiten füllen, aber ich notiere nur:

– Eine dicke, unansehnliche Weiße und ein schöner Schwarzer mit Rappermütze, der ausschließlich Zuckerschnecken isst.
– Zwei Asiaten am Nebentisch, einer dünn, einer fett; sofort holen sie jeweils ein iPad und ein Notebook heraus, der Dünne fotografiert das Frühstück, das sie sich auf die Teller gehäuft haben, und zeigt das Bild dem Dicken, der ungerührt nickt; auch im weiteren sprechen sie kein einziges Wort, son-

dern beschäftigen sich, während sie essen, mit ihren elektronischen Geräten.

– Eine Dreiergruppe im Gespräch; obwohl ich nur kurz vorbeigehe und nichts verstehe, erinnern mich ihre Tonart und ihr Verhalten frappierend an meine Zeit am Institut, an die ewigen Frühstücksgespräche auf der Kantinen-Terrasse – warum?

Am frühen Nachmittag Interviewtermine, das Übliche. Interessant vielleicht, dass mehrmals gesagt wird, dass es so ein Buch in Ungarn noch nicht gebe und dass der Titel dem Buch doch eigentlich nicht entspreche, weil das Buch doch so düster nicht sei oder nicht ausschließlich von Untergang und Verfall handle.

Dann Lesung in der Uni. Abends zur Eröffnung der Buchmesse. Am Stand des Goethe-Instituts kommt ein Herr Weidhaas auf mich zu, um mir zu sagen, wie sehr ihn mein Roman berührt hat. Es stellt sich heraus, dass dieser Mann fünfundzwanzig Jahre lang Direktor der Frankfurter Buchmesse war. Ich wage es nicht, meine Ahnungslosigkeit einzugestehen, sondern murmle irgendwas Mehrdeutiges.

Beim Essen dann ein langes Gespräch mit dem Schweizer Botschafter über die Lage in Ungarn. Er wiegelt ein bisschen ab: Erstens sei Fidesz demokratisch gewählt. Zweitens werde manches zu Unrecht kritisiert, auch in Schweden gebe es beispielsweise für Studenten, die auf Staatskosten studieren, die Verpflichtung, für einige Zeit im Land zu arbeiten. Und drittens seien nicht so sehr die Gesetze oder die möglicherweise unnötigen Verfassungsänderungen das Problem, sondern die fehlende politische Kultur und die Unerfahrenheit der Parlamentsabgeordneten der Fidesz. In erfahrenen Demokratien werde bei wesentlichen Fragen, zum Beispiel bei Änderungen der Verfassung, auf Konsens mit der Opposition gesetzt. Fidesz jedoch, im Besitz der Zweidrittelmehrheit, trete im Augenblick selbstherrlich und messianisch auf – eine Krankheit, die spätestens mit der Wahl im kommenden Jahr überwunden sein werde. So in etwa der Botschafter.

Merkwürdig allerdings: dass man sich im Ernstfall auf die «politische Kultur» verlassen soll anstatt auf Gesetze.

Am Freitagmorgen eine sogenannte Paneldiskussion. Fünf Teilnehmer, sechs Sprachen und kein Konzept. Ein bekannter italienischer Dichter ist dabei, außerdem der Russe Jewgeni Popow, der ausschließlich in (recht hübschen) Anekdoten redet. Um Europa geht es, alle sagen was Freundliches, nur ich stinke ein bisschen gegen Europa an, jedenfalls gegen *dieses* Europa, gegen das Europa der Banken und Konzerne.

Nachmittags Lesung und Gespräch auf der Buchmesse, László, mein Übersetzer, moderiert. Abends empfängt der italienische Botschafter – Italien ist Ehrengast der Messe – im Restaurant *Fausto's*. Es gibt viele schöne Häppchen, und Jewgeni Popow, der verblüfft ist, jemanden auf der Messe zu entdecken, der nicht nur den gleichen Vornamen hat und, wie er selbst, hinter dem Ural geboren ist, sondern auch noch Russisch spricht – Jewgeni Popow textet mich den ganzen Abend zu. Ganz interessant, was er zu sagen hat, so kommt es mir vor, aber wenn ich mich frage, was er erzählt hat – jetzt, drei Tage später im Flugzeug nach Shanghai (wir sind gerade irgendwo über Mandalay, Ortszeit 10:46) –, kann ich mich an nichts mehr erinnern.

Am Samstagvormittag schon wieder auf dem Podium, dieses Mal stellt der Europa-Verlag seine wichtigsten drei ausländischen Neuerscheinungen vor: Guttmann, Popow und mich. Danach beschließe ich endgültig, mich nie wieder mit mehreren Autoren zusammen auf eine Bühne zu setzen.

Nach einem Mittagessen, zu dem der Verlag einlädt, fahre ich zu einem «Salon», wo die Lesung eines jungen Schriftstellers aus der Schweiz stattfindet. Eigentlich fahre ich hauptsächlich dorthin, weil mir hier eine Kiste Tokajer übergeben wird, schwerer Dessertwein, wie es ihn früher gab, von einem ganz besonderen Weingut, so hat mir ein Weinkenner versprochen. Die Sache ist die, dass Martina und ich uns bei Tokajer kennengelernt haben, dass es aber wegen irgendwelcher EU-Vorschriften keinen mehr auf dem deutschen Markt gibt.

Der Schweizer Schriftsteller erweist sich als affektierter Jungstar. Er schreibt eine Art Slam-Stil mit rätoromanischen Einsprengseln und liest seine schlichten Sätze mit gutturalem Furor, als wären sie bedeutsam.

Die Villa, in der die Lesung stattfindet, liegt in der Nähe des großen Parks. Der Stadtteil erinnert ein bisschen an Babelsberg zu DDR-Zeiten. Alles scheint noch im Dämmerschlaf zu liegen. Grautöne, der Putz bröckelt. Das Haus gehört einem Künstlerehepaar, sie malt, er fotografiert. Keine reichen Leute, umso mehr verwundert es, dass sie sich eine solche Villa leisten können, zweihundert oder dreihundert Quadratmeter, schätze ich, wenngleich etwas verwohnt, patinös. Es stellt sich heraus, dass sie das Haus vor fünfzehn Jahren für umgerechnet 100 000 Euro gekauft haben, jetzt zahlen sie die Schulden ab, indem sie Zimmer vermieten und literarische Salons veranstalten. Sie – eine freundliche Deutsch-Kubanerin – gibt mir ihre Karte, für einen etwaigen nächsten Aufenthalt in Budapest.

Abends ziehe ich mit anderen Jungschweizern noch in eine

Kneipe in der Nähe des Hotels. Die Jungschweizer sind allesamt Debütanten, aus irgendeinem Grund scheinen zu jeder Budapester Buchmesse Schweizer Debütschriftsteller eingeladen zu sein. Ich bestelle, weil ich endlich mal typisch ungarisch essen will, Gulasch, aber meine Tischnachbarin erklärt mir sogleich, dass es nicht Gulasch hieße: So hieße nur das Kesselgulasch, also die Suppe. Die junge Frau ist übrigens Deutsch-Ungarin, kaum fünfundzwanzig, sie ist in Ungarn geboren, in Deutschland aufgewachsen, hat in Buenos Aires studiert, in Chile an der deutschen Botschaft hospitiert und wohnt jetzt wieder in Budapest und arbeitet in der Schweizer Botschaft: Das sind die Biographien junger Leute heute. Sie sind in der Welt zu Hause, beneidenswert. Andererseits: Hatten wir nicht noch das Glück, hier und da etwas Ursprüngliches, Andersartiges zu entdecken? Zumindest haben wir Ungarn, Bulgarien oder gar Rumänien noch als wirklich fremde Länder erlebt, als Abenteuer, für die man heute wahrscheinlich nach Grönland oder Patagonien reisen müsste.

Am letzten Tag führt mich der gute László, mein Übersetzer, durch das Jüdische Viertel von Budapest. Dass er selbst Jude ist, wusste ich nicht. Er war, erfahre ich, leitender Kulturredakteur beim staatlichen Rundfunk und ist, so erzählt er, zusammen mit einigen hundert anderen von der Orbán-Regierung entlassen worden. Man könnte das als Maßnahme zur Verschlankung der Strukturen werten, wenn nicht im selben Atemzug Leute neu eingestellt worden wären, Orbán-Leute, so sagt jedenfalls László; und wenn man ihm nicht buchstäblich eine Woche vor dem Erreichen eines bestimmten Renten- oder Abfindungsanspruchs gekündigt hätte. Naturgemäß gehört László zu denen, die die Situation in Ungarn als bedrohlich ansehen. Vor uns fährt ein Auto mit einer schwarz-rot gestreiften Karte des alten Ungarn am Heck, das Zeichen der Nazis, sagt László. Einmal habe er ein Auto mit demselben Zeichen gesehen, auf dem außerdem stand: «Dieses Auto ist judenfrei!»

Zu meiner Verblüffung ist das Jüdische Viertel dann aber, ganz im Gegensatz zum Jüdischen Viertel in Berlin, das ja ein *ehemaliges* Jüdisches Viertel ist, noch voller jüdischen Lebens. Es gibt glatt *koschere* Restaurants und Fleischereien. Zum ersten Mal im Leben setze ich mir eine Kippa auf und besuche eine Synagoge, welche, im Gegensatz zu den Synagogen in Deutschland, weder bewacht noch irgendwie geschützt ist. Ich frage László, ob es hier schon zu Anschlägen gekommen ist oder ob Gebäude oder Gräber mit Schmierereien verunziert wurden. Gräber, sagt László, wurden auch schon vor Orbán geschändet, aber zu Anschlägen auf Synagogen kam es bisher nicht – noch nicht, sagt László.

Wir essen bei László zu Hause. Sein ältester Sohn ist inzwischen ausgeflogen. Jetzt wohnt László mit seiner Frau, zwei Kindern und einem Hund in einer selbst ausgebauten Hundert-Quadratmeter-Maisonettewohnung auf der Buda-Seite. Drei Zimmer sind unter dem Dach, bei Hitze nicht ideal, aber der Blick ist phantastisch und das Haus schön. Seine Frau übersetzt ebenfalls. Sie kocht Fisch mit Reis, eine Art Auflauf. Natürlich dreht sich das Gespräch wieder um die Lage in Ungarn. Offenbar sieht Lászlós Frau die Dinge noch düsterer als er.

Ungarn, so scheint mir – und damit schließe ich diesen verspäteten Bericht –, befindet sich in einem merkwürdigen Zwiespalt. Auf der einen Seite wirkt das Land lethargisch, unzufrieden. Ehemals Teil der habsburgischen Großmacht, hat es alle Kriege an der Seite Deutschlands verloren. Noch einmal, während der sozialistischen Zeit, konnte es sich etwas besser fühlen als seine Nachbarn, weil es politisch und wirtschaftlich liberaler war. Zum Zeitpunkt der Wende hatte Ungarn die Nase vorn, aber fünfundzwanzig Jahre danach haben sich die Träume vom wunderbaren Westen noch immer nicht eingelöst, während wir, die Ostdeutschen, gewissermaßen schon die Enttäuschung über den Westen hinter uns haben. Die Ungarn sind müde, ratlos, zermürbt, das ist der äußere Eindruck, sie haben – und das ist die andere Seite – den Aufbruch an Orbán delegiert, der sich nun aufführt wie ein Messias. Er verkörpert in gewisser Weise die Entschlossenheit und den Tatendrang, der Ungarn fehlt. Orbán ist eine Verzweiflungstat Ungarns.

Nach dem Essen spazieren wir noch mit dem Hund bis zur Burg. Der Hund ist alt, und er ist blind. Man sieht es ihm nicht an, solange er an der Leine läuft. Groß und struppig, knurrt er zurück, wenn andere Hunde ihn anknurren. Ließe man ihn jedoch von der Leine, würde er gegen den nächsten Baum laufen. László nennt ihn einen Irischen Hirtenhund. Ich bin aber fast sicher, dass diese Art bei uns Ungarischer Hirtenhund heißt.

CHINA
April/Mai 2013

Im Zug von Nanjing nach Shanghai, 29. April 2013. Der Zug, ein ICE aus deutscher Produktion, fährt 300 Stundenkilometer. Im Monitor über den Sitzen: *Alice im Wunderland*.

Ein Wunderland, das war China für mich, als mein Vater 1960 von dort zurückkkam und seine farbigen Dias zeigte: goldene Drachen. Bizarre Häuser und Paläste. Weite Plätze, so sauber, dass man vom Fußboden hätte essen können. Aber auch enge Gassen, kleine Häuser mit Papierfenstern. Fahrradarmeen. Menschen, die in drei Minuten irrwitzige Scherenschnitte herstellten oder aus «einem Stück Seife und nur mit Hilfe eines Kamms», so mein Vater, wunderbar feingliedrige Püppchen formten. Auch an eine große vergoldete Buddha-Figur erinnere ich mich. Mein Vater behauptete, in dem Raum sei es so dunkel gewesen, dass man den Buddha kaum sah, und er habe den ORWO-Film nach Gefühl belichtet.

Dass man auf Anordnung des Vorsitzenden Mao *sämtliche Sperlinge* in China, und zwar vorwiegend mit der Hand, gefangen und erschlagen hatte, angeblich weil sie der Volkswirtschaft schadeten, erfüllte mich halb mit Abscheu, halb aber auch mit Erstaunen: was die Chinesen alles fertigkriegten!

In Nanjing, als wir auf dem Weg zu den Ming-Gräbern an einer Imbissbude Kaffee trinken, fällt mir auf, dass die Sperlinge in China wesentlich scheuer sind als in Deutschland. Ich frage Yao, den Studenten, der uns begleitet, ob die Geschichte von der Verfolgung der Sperlinge wahr sei. Yao ist über die Mao-Zeit nicht sonderlich gut informiert, seine Eltern sprechen nicht gern darüber. Dass es in China Anfang der Sechziger keine Sperlinge mehr gab, hält er aber für wahrscheinlich, jedoch nicht, weil sie Schädlinge waren, sondern wegen der Hungersnot.

Und das ist das eigentlich Erstaunliche an der Geschichte: Im Herbst 1960, als mein Vater China besuchte, muss die große Hungersnot, in der möglicherweise bis zu vierzig Millionen Menschen umkamen, ihren Höhepunkt erreicht haben. Mein kritischer, stalinismuserfahrener Vater hat von alledem *nichts* bemerkt!

In seinen Briefen an meine Mutter schwärmt er vom chinesischen Essen, das immer so reichlich aufgetan wird, dass die Hälfte übrig bleibt, und beschwert sich allenfalls darüber, dass die Zeit zwischen Mittag und Abendessen zu lang ist: «Das ist schwer», schreibt er wörtlich – und würde dies nicht tun, wenn er, der selbst im Arbeitslager gehungert hat, wüsste, dass die Menschen hier buchstäblich die Rinde von den Bäumen nagen.

Dass China – glücklicherweise! – nicht mehr dasselbe ist, das mein Vater vor einem halben Jahrhundert erlebte, ist mir bewusst. Dennoch erwarte ich so etwas wie einen Kulturschock, der dann tatsächlich eintritt, allerdings *umgekehrt*. Schockierend ist, wie wenig sich China im ersten Eindruck vom Westen unterscheidet.

China ist Amerika! – Dieser Satz hämmert in meinem Kopf, als wir am ersten Tag durch Shanghai streifen. McDonald's, KFC und Starbucks. Die Shoppingmalls sind zahlreich und gigantisch. Die Werbung allgegenwärtig, riesenhaft, aggressiv. Die Models auf den Postern sind weiß. Selbst die Schaufensterpuppen sind europäisch-amerikanisch. Und wenn die Mode in Shanghai sich von der in Berlin oder Paris unterscheidet, dann vor allem dadurch, dass die jungen Frauen ihren sexuellen Marktwert hier noch ostentativer zur Schau stellen als dort.

Verstärkt wird der Eindruck rastloser Geschäftigkeit noch durch die Vielzahl der Menschen, durch die Enge, durch den Verkehr. Besonders heimtückisch sind die lautlosen Elektroroller, die auch auf Radspuren und Fußwegen und gegen die Verkehrsrichtung fahren, bei Grün und bei Rot, und in der Dunkelheit fast immer ohne Licht, vermutlich, um Strom zu sparen. Autos dürfen anscheinend bei Rot rechts abbiegen und hupen die Fußgänger, die ordnungsgemäß bei Grün die Straße passieren, brutal aus dem Weg.

Es ist unser fünfter Tag in China. Am 25. April sind wir in Shanghai angekommen. Ich erinnere mich an eine irrwitzige Taxifahrt. Fast eine Stunde rasen wir durch eine Hochhauswüste. Der graue Dunst, der über der Stadt liegt, lässt alles noch trostloser erscheinen. Wer soll hier leben, in diesen Silos?

Shanghai soll zwanzig Millionen Einwohner haben. Aber zunächst sehen wir nur Autos, Straßen, Verkehrsknotenpunkte wie in *Metropolis*. Dann die Brücke über den Huangpu-Fluss. Das ist die Stelle, die wie Manhattan aussieht, nur dass Manhattan irgendwo aufhört; dass es irgendwann in Soho oder Brooklyn übergeht, während Shanghai sich, so scheint es, immer weiter ausdehnt: graue Hochhaus-Klötzer, so weit das Auge reicht.

Unser Hotel liegt mitten im Zentrum. Die Drehtür wirbelt einen von der befahrenen Straße in eine ruhige, lichte Halle. Viel Marmor und Gold. Ein bisschen barock alles, obwohl das Howard Johnson von außen kühl und schlicht erscheint: eine gewaltige, gekrümmte Stele, die Konkavseite öffnet sich zur Nanjing Lu, der großen Fußgängerzone, wo am Morgen winzige

Menschen zwischen Wolkenkratzern rhythmische Gymnastik treiben.

Herr Heinrich, der Leiter der Zweigstelle des Goethe-Instituts, weiß vermutlich, wie es uns geht. Er will uns eine freundlichere Ecke Shanghais zeigen und fährt mit uns gleich am ersten Abend in die sogenannte französische Konzession, wo die französischen Kolonialisten einst ihr eigenes, exterritoriales Viertel errichteten. Hier kommt man sich tatsächlich vor wie in Europa. Auch die Bar, in der wir vor dem Essen einen Drink nehmen, könnte es so in Paris oder Amsterdam geben.

Am nächsten Tag suchen wir auf eigene Faust nach einer chinesischen Altstadt – vergeblich. Das, was im Reiseführer so bezeichnet wird, erweist sich als neu aufgebautes Viertel im Stil der Ming-Zeit: geschwungene Dächer, rote Lampions, Holzverzierungen vor den Fenstern. Aber im Inneren: Fresspaläste und Häagen-Dazs-Eis. Ein Tee im Teehaus kostet knapp zwanzig Euro.

Das alte Wohnviertel, das sich weiter westlich anschließt, ist nicht historisch, sondern einfach nur heruntergekommen. Ein- oder zweistöckige Häuser, die obere Etage aus rotbraunem Holz; Elektroleitungen wie Gordische Knoten. Der Lebensmittelmarkt findet auf der Straße statt, buchstäblich auf dem Pflaster. Lebende Fische in Schüsseln und Wannen. Große Frösche warten in Netzen darauf, massakriert zu werden. Die Eingeweide liegen auf dem Pflaster herum. Überhaupt kippt man den Müll auf die Straße, offenbar wird er täglich abgeholt. Vorläufig jedoch stinkt es bestialisch, und nicht nur nach dem berühmten Stink-Tofu.

Shanghai, 30. April 2013. Insgesamt habe ich fünf Lesungen in China. Der Zeitpunkt meiner Reise ist eigentlich ungünstig, denn der Roman erscheint hier erst im Herbst, aber irgendwie habe ich die Termine durcheinandergebracht und mich anlässlich eines Übersetzerwettbewerbs im Frühjahr einladen lassen.

Die erste Veranstaltung ist denn auch die Preisverleihung dieses Übersetzerwettbewerbs des Goethe-Instituts, bei dem eine (unveröffentlichte) Kurzgeschichte von mir übersetzt wurde. Die nächste Lesung findet an der Uni von Nanjing statt.

Der Hongqiao-Bahnhof ist gewaltig, wie ein Flughafen-Terminal organisiert. Erst zehn Minuten vor Abfahrt darf man auf den Bahnsteig, und nur mit Fahrkarte.

Die Zugfahrt dauert knapp eineinhalb Stunden. Die Landschaft ist flach, die Besiedelung nimmt ein bisschen ab, dann wieder zu. Wir erwarten – warum eigentlich? – eine Kleinstadt. Aber der Südbahnhof von Nanjing ist mindestens so groß wie der Berliner Hauptbahnhof. Die Stadt hat sechs Millionen Einwohner und unterscheidet sich auf den ersten Blick kaum von Shanghai.

Im Hotel Central in Nanjing, um die Jahrhundertwende gebaut, hat angeblich schon Chiang Kai-shek geschlafen. Die Damen an der Rezeption können auf Englisch sagen: *How can I help you?* Aber wenn man ein Taxi bestellen will, wird es schon problematisch.

Das Germanistik-Institut liegt auf dem neuen Campus, wieder eine knappe Stunde Weg, dieses Mal mit der außerordentlich gut organisierten Metro. Professor Li erzählt uns, er habe an den meisten Tagen in beiden Teilen der Uni zu tun. Unglücklicherweise habe er seinerzeit versäumt, eine Wohnung in der Nähe des neuen Campus zu kaufen. Nun habe er eine Wohnung an der Peripherie und sei am Tag drei Stunden (!) mit Fahren beschäftigt.

Wie viel die chinesischen Germanistikstudenten bei der Lesung von meinem Text verstehen, kann ich schwer einschätzen, und das ist nicht einmal ein Sprachproblem, denn die Übersetzung wird hinter mir eingeblendet. Kein Lacher, obwohl der Text, wie ich finde, komisch ist. Die Diskussion hinterher langwierig. Wie schon bei der Lesung in Shanghai sitzen viele Menschen mit auf dem Podium – der Moderator, die Sektionschefin, ein weiterer Professor, ein chinesischer Schriftsteller –, die alle einbezogen werden müssen. Zwischendurch immer die Übersetzung der Redebeiträge. Bei der anschließenden Fragestunde beginnen die Fragenden stets damit, dass sie sich für die Lesung bedanken. Immerhin ist das Interesse stark und die Geduld unermesslich.

Zwei Dinge sind mir von dem langen Nachmittag in Erinnerung geblieben. Zum einen, dass auf chinesischer Seite einmal die Rede ist von *der Zeit des Geldes*, die jetzt angebrochen sei. Zum anderen die Verwunderung, fast Befremdung der Chinesen, als ich auf die Frage, was ich nun, da es die DDR nicht mehr gibt, als Heimat empfinde, zu verstehen gebe, dass ich «Heimat» nicht so sehr mit «Nation» in Verbindung bringe.

Am nächsten Tag führt uns Yao (jener Student, mit dem wir dann über die Sperlinge und die Hungersnot sprechen werden) zu den Sehenswürdigkeiten Nanjings, und zwar zuerst zum Konfuzius-Tempel in der Mitte der Stadt, wo mich vor allem die Kammern zur Beamtenprüfung interessieren.

Es sind vielleicht dreißig Kammern zu beiden Seiten des Hauptgartens, jede kaum mehr als einen Quadratmeter groß. Hier wurden die Prüflinge mehrere Tage lang eingeschlossen und mussten Konfuzius-Texte interpretieren. Bewerben konnte sich jeder! Dass die Beamten nach bestandener Prüfung ein lebenslängliches Mandat hatten, war der Korruption und Stagnation gewiss förderlich. An sich aber trägt die chinesische Beamtenprüfung durchaus demokratische Züge. Eignungsprüfungen sind übrigens bis heute in China beliebt. Auch für die Universität muss man sich prüfen lassen, und auch das empfinde ich durchaus als demokratisch: Leistung statt Herkunft. Die Frage ist, was passiert danach? Yao hat Germanistik studiert, er spricht gut Deutsch, er ist intelligent und witzig und, so scheint es jedenfalls, ziemlich unangepasst. Aber Yao wird zur Armee gehen, weil eine Arbeit als Germanist nicht in Aussicht steht. Da sind Beziehungen gefragt, und er, der vom Land kommt, hat keine.

Zum Schluss besuchen wir die gewaltige Stadtmauer von Nanjing, angeblich die größte der Welt, und Gräber der Ming-Dynastie: unvermeidliche Pflicht. Immerhin sehen wir ein bisschen was Grünes.

Da die Ming-Dynastie im 14. Jahrhundert hier in Nanjing mit einem Aufstand gegen die Mongolenherrschaft ihren Anfang nahm, sind ihre ersten Vertreter auch hier begraben. Bemerkenswert: Nach einem langen, schnurgeraden Weg durch immer prunkvollere Tore und Gärten kommt man endlich zu einer schlichten, grauen Mauer, auf der steht, dass der Kaiser irgendwo auf dem Hügel dahinter begraben liegt. Die genaue Stelle kennt keiner.

Gestern Abend sind wir nun aus Nanjing zurückgekommen und wieder ins Howard Johnson gezogen. Wiederkehren macht Orte zu alten Bekannten. Überhaupt ist die erneute Ankunft in Shanghai freundlich. Es ist der Vorabend des Ersten Mai, die Fußgängerzone ist voller Menschen. Die Stimmung ist ausgelassen. Ein Sänger, von Neugierigen umringt, singt moderne chinesische Schlager. Gruppen tanzen oder treiben Sport. Eine

Gruppe älterer Menschen stimmt Lieder an, wahrscheinlich aus der Mao-Zeit – andere, so hat Yao uns schon gewarnt, kennen sie nicht. Es gibt große Tafeln, auf denen der Text steht, ein alter Mann dirigiert enthusiastisch mit einem roten Fähnchen, die Leute reißen einander fast das Mikrophon aus der Hand. Das alles übrigens nicht kommerziell: Niemand geht mit einem Hut herum und sammelt, wenngleich man als «Langnase», wie sie uns Europäer nennen, alle dreißig Sekunden von einem fliegenden (oder eher rollenden) Händler belästigt wird. Als ich nur kurze Zeit allein herumstehe, weil Martina fotografiert, werden mir, neben «Watches» und Fun-Rollern, auch Frauen angeboten.

Nach vier Tagen Nanjing freuen wir uns doch ein wenig auf das europäische Frühstück im Howard Johnson. Hin und wieder ein Müsli oder ein Marmeladentoast tut unseren europäischen Mägen gut, obwohl wir schon oft chinesisch gegessen haben, und bisher immer sehr gut und – ohne Schaden. In Zeiten von H7N9 und neuen, aktuellen Fällen des Coronavirus (SARS) macht man sich, offen gestanden, mitunter seine Gedanken, ob die gesellige chinesische Art zu essen immer vorteilhaft ist. Es wird ja nicht individuell bestellt, sondern für alle gemeinsam. Das Essen steht in Schüsseln auf einer drehbaren Platte, jeder schnappt sich mit seinen Stäbchen, was ihm gerade gefällt. Auf diese Weise isst man Fisch, Fleisch, Gemüse und Unbekanntes in endlosem Durcheinander. Dass man in China Quallen verspeist, weiß wohl inzwischen jeder (schmecken übrigens gut). Rindersehnen sind jedoch nicht ganz mein Fall, zumal ich, nachdem ich mir ein lecker aussehendes Teil aus der Schüssel geangelt und nachgefragt habe, Rinder*venen* verstehe.

Wer das Essen mit Stäbchen als Ausdruck zivilisatorischer

Zurückgebliebenheit ansieht, sollte wissen, dass die Chinesen es umgekehrt als barbarisch empfinden, wie wir mit Messer und Gabel hantieren – was man, wenn man eine Weile in China ist, sogar zu verstehen anfängt. Allerdings wirkt die chinesische Alltags-Esskultur auch auf uns mitunter befremdlich. Selbst im Hotel setzen wir uns gelegentlich lieber einen Tisch weiter, wenn wieder jemand, tief über den Tisch gebeugt, das Handy in der einen Hand, die Stäbchen in der anderen, seine Nudeln oder sein Reis-Congee schlürft. Spucken und besonders das Hochziehen des Naseninhalts sind scheinbar gesellschaftsfähig, während das Benutzen von Taschentüchern als ungehörig empfunden wird. Da haben wir die Kulturunterschiede, auf die wir so scharf sind.

Unterschiede bei der Temperaturwahrnehmung: Heute Vormittag nach dem Regen waren es 18 Grad, und die Portiers standen in Daunenmänteln vor dem Hotel. Jemand hat uns erzählt, dass das Thermometer im Sommer wochen- und monatelang über 35 Grad steht. Obendrein ist Shanghai feucht. Auf dem Land und in den alten Häusern sind solche Temperaturen angeblich auszuhalten, aber in den neu errichteten Städten haben die Leute früher, vor Einführung der Klimaanlagen, nachts häufig auf der Straße geschlafen.

Erster Mai, wir spazieren durch den nahegelegenen Volkspark. Feststimmung. Hier und da sind die Straßen rot beflaggt. Eine Demonstration wird es allerdings nicht geben, hat Yao uns erklärt, weil die Regierung jede Art von Demonstration fürchtet. Gefeiert wird also zivil. Auf einer Riesenschaukel kreischen dreißig Chinesen. Am Wegrand werden Kleinigkeiten verkauft, aber *keine* Scherenschnitte, *keine* feingliedrigen Püppchen, die aus einem Stück Seife und nur mit Hilfe eines Kamms hergestellt sind, sondern Sonnenbrillen, Handtaschen, Schmuck oder bunte Plastikpistolen. Dazwischen liegt hin und wieder ein Bettler auf dem Boden. Während Bettler in Deutschland ihre Tätigkeit niemals in allzu bequemer Haltung ausüben, liegen in China viele wie tot auf dem Boden herum.

Seltsam: dass es in China wirklich überall auf den Gehwegen eine geriffelte Blindenspur gibt, obwohl wir nie einen Blinden sehen. Nur ein einziges Mal haben wir einen blinden Musiker in der Metro beobachtet, aber die uns begleitende Chinesin meinte, er simuliere bloß.

Inzwischen sitzen wir in einem Kaufhauscafé und trinken Grüntee aus Pappbechern. Vergeblich haben wir versucht, unterwegs so etwas wie ein Teehaus zu finden. Jetzt sitzen wir in einer Shoppingmall. Im Hintergrund, in einem Laden, der «Dickies» heißt, werden Filme von grausigen Stierkampfunfällen gezeigt – etwas, was in Deutschland kaum öffentlich vorführbar wäre, vorläufig jedenfalls. Inzwischen bin ich nicht mehr ganz sicher, ob China uns nacheilt oder vorausläuft.

Was beispielsweise die neuen Kommunikationsmedien betrifft, hat China einen eindeutigen Vorsprung. Wenn man in der Berliner U-Bahn hin und wieder eine Vierzigjährige mit einem Buch in der Hand erwischt – hier kann einem das kaum passieren. Die Chinesen lesen nicht mehr, jedenfalls keine Bücher, sie starren auf Smartphones. Wenn sie lesen, behauptet Yao, dann lesen sie E-Books auf diesen Smartphones, und zwar ausschließlich darüber, wie man reich und erfolgreich wird.

Und was ist mit dem chinesischen Kommunismus? Zumindest im Alltag ist davon, abgesehen von den Fähnchen am Ersten Mai, nichts zu spüren. Hin und wieder beklagen sich die Intellektuellen, mit denen wir nach den Lesungen zusammensitzen, über mangelnde Meinungsfreiheit und Demokratie – das allerdings sehr freimütig. Andererseits scheint jedoch niemand hier wirklich gewillt, die Rolle der Partei ernsthaft in Frage zu stellen. Über die chinesischen Dissidenten im Ausland rümpft man die Nase. Auch im Zwiegespräch ohne Zeugen höre ich, dass eine plötzliche Einführung der westlichen Demokratie ein unwägbares Risiko sei.

Die Freiheit des Einzelnen gilt im Westen als unantastbar. In China wird das offenbar anders gesehen. Als ich eine Studentin frage, welche Fehler Mao gemacht habe, nennt sie als Erstes, dass er NICHT die Ein-Kind-Politik einführte! Zwar lese ich bei Mo Yan, dass in Wirklichkeit schon unter Mao der Kampf gegen das Bevölkerungswachstum begann, und zwar ziemlich rigide. Aber wie dem auch sei: Selbst die jungen Leute, die von Mao kaum etwas wissen und hören wollen, sehen in der Ein-Kind-Politik der letzten Jahrzehnte nicht zuerst eine Beschränkung der persönlichen Freiheit (was sie ja war), sondern eine Notwendigkeit. Seit dem Besuch meines Vaters hat sich die Einwohnerzahl Shanghais verdoppelt. Wie hoch wäre sie heute ohne Ein-Kind-Politik?

Suzhou, 3. Mai 2013. Zwischen den Lesungen in Shanghai und Peking haben wir eine kleine, fünftägige Privatreise gebucht: «Die Gärten Chinas». Wir fahren mit dem Zug nach Suzhou, dort werden wir von unserer Reiseleiterin Frau Zhuang, einer freundlichen Germanistin, vom Bahnhof abgeholt und mit einer schwarzen Limousine zuerst ins Hotel, dann durch die Gegend gefahren.

Suzhou gehört zu den wenigen chinesischen Städten, in deren Zentrum das Bauen von Hochhäusern verboten ist. Wir sind ganz aufgeregt, als wir plötzlich durch eine niedliche, kleine

Einkaufsstraße fahren. Und es kommt noch besser: schiefe, alte Häuser, die obendrein oft an kleinen Wasserstraßen liegen. «Venedig des Ostens», nennt Frau Zhuang die Stadt. Wir essen in einem schattigen Gartenrestaurant am Wasser.

Bei den «Gärten von China» handelt es sich zumeist um die Privatgärten hoher chinesischer Beamter, die sich nach ihrer Amtszeit hierher zurückgezogen haben. Sie stammen fast ausnahmslos aus der Ming-Zeit, also der vorletzten Dynastie, Mitte des 14. bis Mitte des 17. Jahrhunderts, so wie anscheinend überhaupt alles, was in China alt heißt, aus dieser Zeit stammt. Die hölzernen Leichtbauten sind kurzlebig und das Material inzwischen zumeist erneuert.

Die Beamten-Gärten sind kleine künstliche Paradiese, die, samt dem Wohnbereich, durch hohe Mauern von der Außenwelt abgeschirmt sind. Im Zentrum liegt jeweils ein großer Teich, über den verwinkelte Brückchen führen, weil man glaubte, dass böse Geister nur geradeaus gehen können. Nach dieser Theorie hätten die bösen Geister im heutigen China ein leichtes Spiel.

Rasen gibt es nirgends, der galt als profan. Das Wasser (Yin) wird von dekorativem Fels (Yang) sowie sorgfältig ausgewählten Bäumen und Büschen gesäumt, die – je nach Größe und Farbe – unterschiedliche Winkel und Sichtachsen bilden, keinesfalls zu bunt, aber so, dass zu jeder Jahreszeit etwas blüht (was hier auch im Winter der Fall sein kann). In jedem Garten stehen Pavillons für verschiedene Jahreszeiten oder Gelegenheiten, zum Beispiel zum Betrachten des Mondes, der in der chinesischen Tradition eine große Rolle spielt.

Dass die geometrischen Endlosschnitzereien in den Fenstern dazu dienten, in den doch ziemlich kalten Wintern Reispapier anzubringen, beruhigt mich: In den Erzählungen meines Vaters kamen Papierfenster vor, und bisher hatte ich keine Hinweise darauf gefunden.

Die spiegelverkehrten Hakenkreuze, die sich in den Ornamenten tausendfach wiederholen, bedeuten Unendlichkeit: rührend angesichts der Fragilität dieser Architektur. Aber auch die Gehwege und Plätze aller Gärten sind mit Symbolen gepflastert: Fledermäuse für Glück, Münzen für Geld und Wolken für Karriere. Eine Welt voller Zeichen und Bedeutungen, aber auch voller Rituale und Regeln, und von einer unbarmherzigen Hierarchie. Für sehr reiche Beamte mag das Leben angenehm gewesen sein, aber wenn man bedenkt, dass ihre Frauen und Konkubinen sich nie in der Öffentlichkeit zeigen durften, dass ihre Füße in vierzehn Zentimeter langen Holzschuhen unter unerträglichen Schmerzen verkrüppelten, ahnt man, dass das Leben im alten China keineswegs für jeden paradiesisch war.

Wie wir bald feststellen, ähneln die Gärten einander stark, und nachdem uns zum dritten oder vierten Mal jede Pflanze und jeder Stein erläutert worden ist und wir mehrere nahezu identische Empfangshallen gesehen haben, verzichten wir auf einen weiteren Gartenbesuch und beschließen, am nächsten Vormittag eine Bootsfahrt durch das «Venedig des Ostens» zu machen. Wir zahlen, weil ein anderes Boot nicht aufzutreiben ist, umgerechnet vierzig Euro für eine dieselbetriebene Dschunke, die eigentlich dreißig Personen fasst, und schauen uns Suzhou von der Wasserseite her an – ein lohnendes Unternehmen.

An einem solchen Kanal mit schiefen Häusern hat mein Vater übrigens die Kommune «Rotes Banner» fotografiert: Lächelnde Menschen, die sich artig vor ihrer Gemeinschaftsküche postieren. In seinem Buch «Frösche» beschreibt Mo Yan, wie sie als Kinder *Kohlen gefressen haben* vor Hunger.

Noch während wir durch den breiten Kaiserkanal schippern, der das ehemals reiche Suzhou mit der Hauptstadt verband, sprechen wir mit Frau Zhuang über Religionen in China. Ihre Großmutter, erzählt sie, war Buddhistin und Vegetarierin. Heute befinde sich der Buddhismus wieder im Aufwind. An einem bestimmten Tag in der Woche kaufen Buddhisten Tiere auf dem Markt, um ihnen in den Kanälen die Freiheit wiederzugeben.

Angeregt von dieser Erzählung kaufen auch wir auf einem bunten Markt eine für den Kochtopf bestimmte kleine Wasserschildkröte (wir wählen diese, weil sie in ihrem roten Netz besonders wild strampelt). Seltsamerweise landen wir wenig später ausgerechnet in einem ehemaligen buddhistischen Tempel, am sogenannten Tigerhügel, der so heißt, weil am Todestag des Suzhou-Gründers hier ein weißer Tiger erschien. Zur Belustigung zahlreicher Einheimischer schleppen wir die Schildkröte in ihrem Netz durch die ganze Tempelanlage, vorbei an dem Platz, wo ein Weiser zu fünftausend Steinen gepredigt haben soll (was für ein Bild!), hoch zur schiefen Pagodenruine und auf der anderen Seite wieder jene hundertacht Stufen hinab, die im Buddhismus die hundertacht Sorgen symbolisieren, deren sich der Mensch nur durch Meditation entledigt.

Am Ausgang wartet schon unsere Limousine, und wir fahren mit der Schildkröte nach Tongli, wo wir einen weiteren Garten zu besichtigen uns bereit erklärt haben, allerdings schon mit dem Hintergedanken, die Schildkröte im Gartenteich auszusetzen. Zuerst bleibt sie ungerührt auf einem Stein sitzen, als traue sie der neuen Freiheit nicht. Aber kaum, dass ich sie ins Wasser getunkt habe, taucht sie mit geübten Bewegungen weg. Einmal lässt sie sich noch auf einem Stein blicken, als wollte sie sich verabschieden ... Viel Glück, Schildkröte!

Tongli, ebenfalls von Kanälen durchzogen, gehört auf irgendeine Weise zu Suzhou, ist aber noch älter und noch hübscher und – noch stärker auf Tourismus eingestellt. Die handgeruderten Boote fahren hier ihre Runden tatsächlich in beinahe venezianischer Frequenz. In den Gässchen gibt es allerlei touristischen Kram – das russische Wort *fintifljuschki* passt hier besser als jedes deutsche.

Noch wird die Gegend bewohnt, obwohl sich allmählich mehr und mehr Restaurants und Läden in die alten Häuser einnisten. Als ich beim Fotografieren meinen Fuß auf einen unscheinbaren hölzernen Bottich setzen will, warnt mich Frau Zhuang: Es sei ein Nachttopf! Tagsüber, erzählt sie, gehe man auf öffentliche Toiletten, nachts auf den Topf, und morgens würden die Nachttöpfe vors Haus gestellt und von einem – ja, wie nennt man so jemanden? – «Nachttopfentsorger» auf einen Karren geladen und abtransportiert. Erst allmählich werden die Wohngegenden mit Kanalisation nachgerüstet.

Nachtrag: Am ersten Tag in Suzhou haben wir eine Seidenfabrik besucht, genauer gesagt: eine ehemalige Seidenfabrik mit Vorführung für Touristen. Was ich nicht wusste: Die nicht sehr ansehnlichen Seidenspinner leben nur einen Tag; das Männchen stirbt nach der Paarung, das Weibchen nach der Eiablage. Die längste Zeit gehört der ausschließlich frische Maulbeerblätter fressenden Seidenraupe, die sich nach sechs Wochen Fressens in einen Kokon einspinnt. Der schlechtere, äußere Teil des Fadens, aus dem der Kokon besteht, wird von geschickten Fabrikarbeiterinnen vom angefeuchteten Kokon gestreift und der bessere, mittlere, mit einer winzigen Handbewegung in eine Haspel eingefädelt und automatisch aufgerollt.

Die Puppen in den Kokons sind zuvor durch Erhitzen getötet worden. Es überleben nur so viele, wie es zur Zucht neuer Raupen bedarf. Zwar stirbt auch in der Natur die überwiegende Mehrheit der Population, auch haben die Puppen in den Kokons den größten Teil ihres Lebens hinter sich und nur noch den einen Paarungstag vor sich. Trotzdem verdirbt es mir ein bisschen den Spaß an dem Seidenschal, den ich kaufe, dass dafür Tausende von Seidenspinnerpuppen gestorben sind.

Hangzhou, 4. Mai 2013. Marco Polo soll gesagt haben, Hangzhou sei die schönste Stadt der Welt. Und mein Vater schreibt in einem Brief vom 2. November 1960: «Ich sitze hier am offenen Fenster und schaue auf den malerischen Westsee. Die Landschaft hier nennen die Chinesen das Paradies auf Erden.»

Hangzhou: eine Sechs-Millionen-Metropole mit dem üblichen Verkehr, der üblichen Hochhausbebauung, den üblichen Umweltproblemen. Menschen mit Mundschutz gehen umher, mancher sogar gemustert, passend zur Jacke.

An der Promenade am großen Westsee gibt es noch etwas Grün und ein paar Platanen, die Schatten spenden. Allerdings wimmelt es hier von – meist chinesischen – Touristen. Abends hat man kaum Platz zum Treten. Wir trinken Tsing-Bier für dreißig Yuan (im Laden kostet es drei) und schauen einer Art Fontänen-Licht-Show auf dem See zu: bonbonfarben ausgeleuchtete Wasserchoreographie mit Musik. Während der zehn Minuten, die diese leichtverdauliche Kunst andauert, werden wahrscheinlich eine Million Filmchen auf Smartphones gedreht. Wir, ganz altmodisch, knipsen mit der Digitalkamera.

Heute Vormittag haben wir mit unserer neuen Reiseleiterin eine Bootsfahrt auf dem Westsee gemacht. Die Neue heißt Frau Yang. Sie ist klein, spricht tatsächlich, obwohl auch sie Germanistik studiert hat, gelegentlich «l» statt «r», und behandelt uns mit der Resolutheit einer Kindergärtnerin aus den fünfziger Jahren.

Wieder schippern wir auf einem viel zu großen Boot umher, dieses Mal ist die Tour im Preis inbegriffen und, auf staatliche Verordnung hin, elektrisch. Es lebe die Kommunistische Partei! Die Luft über der Wasserfläche ist feucht und weiß. Das typische Wetter hier. Blauen Himmel, sagt unsere Reiseleiterin, kennt sie vor allem von Postkarten aus der Schweiz und aus Deutschland.

Gestern hat sie uns mit einem schwarzen Auto abgeholt, heute kommt sie mit einem grauen. Es stellt sich heraus, dass in Hangzhou, wie auch in Peking, an bestimmten Wochentagen nur Wagen mit bestimmten Endnummern fahren dürfen. Deshalb besitze ihre Firma zwei Autos. Aber auch viele wohlhabende Chinesen pflegen zwei Autos zu besitzen, um täglich fahren zu können. Zu diesem Zweck müssen sie nicht nur zwei Fahrzeuge bezahlen, sondern auch zwei Nummernschilder, und ein Nummernschild kostet in großen Städten so viel wie ein Neuwagen!

Wir besuchen ein buddhistisches Kloster, dieses Mal eins, das noch «in Betrieb» ist: eine schöne, weitläufige Anlage mit mehreren Tempeln und viel buddhistischem Gelb. Auch mein Vater ist 1960 hier gewesen. Es ist, wie ich feststelle, ebenjenes Kloster, wo er den riesigen goldenen Buddha fotografierte. Übrigens ist es in dem Tempel längst nicht so dunkel, wie ich erwartet habe, aber möglicherweise kam der Raum meinem Vater so dunkel vor, weil er noch echten Film belichtete. Für meine simple Digitalkamera mit Verwackelschutz sind die Lichtverhältnisse kein Problem. Fotografieren kann heute jeder Idiot. Das muss man wohl als Fortschritt betrachten.

Verwundert schrieb mein Vater damals an meine Mutter: «Da beten sie noch. Es gibt Mönche. Sehr interessant!»

Mönche begegnen uns schon auf dem Weg zum Kloster, einzeln oder in Grüppchen, auf dem Elektroroller oder mit dem Smartphone in der Hand. Zum Beten verkrümeln sie sich in irgendein Nebengebäude, das Kloster mit seinen goldenen Buddhas (es gibt davon mehrere) haben sie den Touristen überlassen. Nur hin und wieder, sagt Frau Yang, findet eine private buddhistische Zeremonie in den Haupttempeln statt, natürlich gegen Bezahlung. Man kann Buddha auch Räucherstäbchen spenden. Wir sehen etliche Menschen mit über den Kopf erhobenen Räucherstäbchen vor den verschiedenen Statuen knien. Es gibt billige Stäbchen und teure. Ich frage Frau Yang nach dem Unterschied. Ganz einfach, sagt sie, die teuren erfüllen die Wünsche schneller!

Warum habe ich mir buddhistische Klöster immer schlicht und bescheiden vorgestellt? In Deutschland und der westlichen Welt haben fernöstliche religiöse Praktiken seit langem Konjunktur, auch weil sie eine Alternative zur institutionalisierten katholischen Kirche darstellen. Dass es auch so etwas wie eine «buddhistische Kirche» gibt, wird mir erst heute klar. Und möglicherweise ist sie ebenso pompös und institutionalisiert.

Zum Schluss besuchen wir eine Teeplantage in der Nähe von Hangzhou. Angeblich wird hier der beste Tee Chinas geerntet: Drachenbrunnentee. Es gibt eine kleine Vorführung, bei der wir lernen sollen, dass es in Deutschland eigentlich nur Dreck zu kaufen gibt. Tatsächlich sieht man solchen Tee selten: kleine, ganze, hellgrüne Blätter. Erste Pflückung. Wir lassen uns zum Kauf überreden, zwölf Euro für fünfzig Gramm. Keine Ahnung, ob wir beschissen werden.

Am Abend versuchen wir, ins Theater zu gehen. Immerhin ist Hangzhou eine Sechs-Millionen-Stadt, doppelt so groß wie Berlin. Aber Theater scheint hier ein Fremdwort zu sein. Ein Spielplan ist nicht aufzutreiben, die Frage löst beinahe Verwunderung aus. Unsere Reiseleiterin schlägt eine Light-Show vor, auf die wir aber verzichten. Zum ersten Mal fällt mir auf, dass sich auf chinesischen Straßen kein Plakat, kein Hinweis auf eine alternative Kulturszene findet. Nur Werbung für Mega-Events.

Am nächsten Tag verabschieden wir uns von Frau Yang. Trinkgelder sind in China nicht üblich. In unseren Reiseunterlagen finden wir jedoch die dringende Bitte, den Reiseleitern etwas zu geben, weil das inzwischen Teil des Einkommens sei. Anders ausgedrückt: Die Reiseleiter werden von ihren Firmen nicht ausreichend bezahlt. Auf dem Weg von Deutschland über Peking nach Hangzhou gehen Stück um Stück die Prozente verloren, und wir, die die Reise eigentlich schon bezahlt haben, rätseln nun, wie viel Trinkgeld angemessen sei. Eine unangenehme Situation. Ohnehin finde ich es seltsam, der Frau ein Trinkgeld anzubieten: was für eine Geste! Schließlich haben wir es mit einer studierten Germanistin zu tun!

Aber die dreißig Euro, die wir schließlich abdrücken, steckt Frau Yang ohne Zögern ein und wirkt nicht einmal sonderlich zufrieden. Nach dem Titel meines demnächst auf Chinesisch erscheinenden Romans fragt die studierte Germanistin übrigens nicht. So weit scheint nicht einmal die chinesische Höflichkeit zu reichen.

Im Zug nach Peking, 7. Mai 2013. Ungünstiger Platz an der Tür, ohne Fenster. Im Zug unglaublicher Betrieb, die Chinesen holen

sich ihr Mittagessen im Speisewagen, quetschen die voluminö-
sen Verpackungsreste in die von deutschen Ingenieuren kon-
zipierten Müllbehälter, die alle zwanzig Minuten vom Personal
geleert werden müssen. Neben uns knabbert jemand geräusch-
voll an Hühnerfüßen. Die Chinesen telefonieren, palavern laut
und fröhlich, während im Bord-TV wieder mal *Alice im Wunderland* läuft – der kollektive Eisenbahnfilm. Zwischendurch klappt
unentwegt die Toilettentür, und es riecht nach allem, was man
hier zu sich nimmt und absondert.

Nachdem wir vorgestern erneut in Shanghai eingetroffen
waren, hatten wir es doch noch – sehr kompliziert! – geschafft,
eine Theateraufführung zu besuchen. *The Eternal Snow Beauty*,
ein Stück nach dem Roman eines taiwanesischen Autors, der
allerdings aus Shanghai stammt.

Gigantische Spielhalle. Auf großen Tafeln wurden englische
und, weil das Stück in Shanghai-Dialekt war, auch chinesische
Untertitel eingespielt. Der Roman selbst ist von der Aufführung
her schwer zu beurteilen. Es ging um die Schönheitskönigin eines *Ballrooms* im vorkommunistischen Shanghai, um verschiedene Liebhaber und Bewerber, schließlich um die Flucht nach
Taiwan 1949 und die Wiederkehr 1979. Trotz des Ballroom-
Themas ein großer historischer Bogen: Emigration, Heimweh
und ein bisschen Kulturrevolution.

Die Aufführung selbst: Boulevard mit viel Tango, bonbon-
buntem Licht und zentralen Arrangements. Die Zuschauer
checken ihre E-Mails, rascheln mit Tüten oder unterhalten sich
mehr oder weniger ungehemmt, mühelos überbrüllt von den
Schauspielern, die allesamt Microports tragen ... Nur Fernsehen ist schöner!

Am letzten Tag hatte ich eine Lesung an der Tongji-Universität Shanghai. Ich wurde nach meinen ersten Eindrücken von China gefragt und sprach ziemlich ungefiltert darüber – was Irritationen hervorrief. Chinesen sind es nicht unbedingt gewohnt, Klartext zu sprechen. Oft fühlen sie sich persönlich angegriffen. All das ist mir bewusst, trotzdem entschließe ich mich zur Offenheit. Im Grunde wollen sie ja den Standpunkt des Außenstehenden kennenlernen, und ich finde, ich bin es ihnen schuldig. Nach dem ersten Schock glaube ich, auch so etwas wie Dankbarkeit zu spüren.

Danach noch ein interessantes Gespräch mit einem deutschen Sinologen über den Unterschied zwischen Taoismus (eigentlich Daoismus) und Buddhismus, der letztlich darauf hinausläuft, dass der Buddhismus, im Gegensatz zum Taoismus, dem irdischen Sein gegenüber eine tendenziell negative Einstellung vertritt: Sein ist Leiden – eine Haltung, die sich eigentlich schlecht mit dem westlichen Hedonismus verträgt. Seltsamerweise ist trotzdem der Buddhismus bei uns en vogue, während der Taoismus nach Fritjof Capra und der New-Age-Welle wieder ein bisschen in Vergessenheit geraten ist.

Peking, 8. Mai 2013. Gleich nach der Ankunft zum Begrüßungsessen vom Goethe-Institut. Endlose Fahrt durch Peking, überall Stau. Als wir erzählen, dass wir recht positive Erfahrungen mit der Metro in Shanghai gemacht haben, wird uns gesagt, dass es hier zur Rushhour sogar Metro-Stau gibt: Unter Umständen braucht man eine halbe Stunde, um überhaupt in eine Metro reinzukommen.

Peking wirkt auf den ersten Blick nicht ganz so gedrängt wie Shanghai, aber noch größer, noch weitläufiger, obwohl es kaum mehr Einwohner hat. Was wir ansonsten auf den ersten zwanzig oder dreißig Kilometern Autofahrt mitkriegen, unterscheidet sich eigentlich kaum von Shanghai, und ich wundere mich ein wenig, dass der Leiter des hiesigen Goethe-Instituts sagt, er zöge Peking Shanghai vor.

Zunächst gibt es ein Essen mit zwei offenbar recht bekannten chinesischen Schriftstellern: Li Er, einem Prosaautor, und Ouyang Jianghe, einem Dichter. Beschämenderweise habe ich beide nicht gelesen, obwohl Li Er in Deutschland immerhin zehntausend Exemplare seines Buches *Der Granatapfelbaum, der Kirschen trägt* verkauft hat, und zwar nachdem Angela Merkel, wie berichtet wird, das Buch dem chinesischen Premierminister Wen anlässlich eines Staatsbesuchs geschenkt hat. Warum schenkt die deutsche Kanzlerin dem chinesischen Premierminister ein chinesisches Buch? Das versuche ich herauszubekommen, aber vergeblich. Entweder wird es mir ungenau übersetzt. Oder es stoßen fremde Denkweisen aufeinander. Oder aber, was am wahrscheinlichsten ist, es war einfach mal keine besonders einleuchtende Idee von Frau Merkel.

Ich versuche ein Gespräch über den Unterschied zwischen deutschem und chinesischem Humor, vor allem, weil ich immer wieder bemerke, dass die Chinesen bei meinen Lesungen nur selten lachen. Aber auch die Frage, ob die Schwierigkeiten beim Übersetzen komischer Texte lediglich dem kulturellem Kontext oder auch der Struktur der Sprache geschuldet sind, lässt sich nicht klären. Ein chinesischer Literaturwissenschaftler, der mit am Tisch sitzt, meint, vielleicht im Scherz, dass die Chinesen überhaupt keinen Humor hätten, was man auch daraus schließen könne, dass es kein Zeichen für Humor gibt. Tatsächlich ist das chinesische Wort dem Englischen entlehnt und klingt wie «Hjumor».

Einigkeit zwischen uns besteht allerdings in der Frage, dass nicht jede kritische Literatur gleich große Literatur ist und dass wir Sozialismuserfahrenen uns alle über diese Verwechslung schon oft geärgert haben. Ich selbst ärgere mich gerade über die deutsche Diskussion anlässlich der Verleihung des Literaturnobelpreises an Mo Yan. Abgesehen davon, dass der Preis ein Literaturpreis ist, kein Preis für Systemkritik, ist das Buch von Mo Yan, das ich gerade lese, nicht nur gut erzählt, sondern auch, soweit ich es beurteilen kann, von schonungsloser Wahrhaftigkeit. Während ich in China immer aufs Neue höre, dass Eltern und Großeltern sich nicht mehr über die Jahre der kommunistischen Diktatur äußern wollen, redet Mo Yan darüber. Nur, dass er seine haarsträubenden Geschichten nicht kommentiert, sondern einfach erzählt. Dass er es nicht nötig hat, einen Aufkleber anzubringen: Hallo, das ist *kritisch*!

Ist ein chinesischer Schriftsteller verpflichtet, den Abtritt der Kommunistischen Partei zu fordern? Und: Sind ausgerechnet die Länder, die China noch vor sechzig oder siebzig Jahren behandelt haben wie einen Kuchen, aus dem man sich seinen Teil herausschneiden kann, die nicht davor zurückschreckten, Chinesen aus kolonialen Interessen zu foltern und zu ermorden, bis die Kommunisten sie aus dem Land warfen – sind gerade diese Länder besonders berufen und befugt, über das heutige China zu urteilen?

Auf der Rückfahrt erzählt uns der Goethe-Instituts-Leiter, dass Björk ihr Konzert hier im Stadion mit dem Ruf «Free Tibet!» beschloss. Ja, vielleicht ist es richtig, Tibet – eine von sechsundfünfzig (!) in China lebenden Nationen – abzuspalten. Ich kann das nicht beurteilen. Aber warum dann nicht auch ein unabhängiges Baskenland? Ein freies Irland? Wo ist das westliche Engagement für einen Staat der Kurden, der größten staatenlosen Nation dieser Erde?

Peking, 9. Mai 2013. Es ist nicht leicht, sich ein Bild vom gegenwärtigen Lebensniveau in China zu machen. Sicher ist, dass der Durchschnittsverdienst der Chinesen rasch wächst, aber hinter dem westeuropäischen noch weit zurückbleibt.

Die Chinesen, die wir befragt haben, sprechen von drei- bis viertausend Yuan, also etwa fünfhundert Euro monatlich, was der offiziellen Statistik zumindest nicht widerspricht: Das sogenannte verfügbare Monatseinkommen beträgt etwa zweihundertneunundzwanzig Euro im Monat (in Deutschland liegt es bei etwa tausendsiebenhundert im Monat). Allerdings verdienen circa hundertachtundzwanzig Millionen Chinesen monatlich weniger als dreiundzwanzig Euro! Anders ausgedrückt: China gehört zu den Ländern mit den größten Unterschieden zwischen Arm und Reich.

Besonders arm ist offenbar die Landbevölkerung, mit der wir gar nicht in Kontakt kommen. Allenfalls sehen wir ein paar Wanderarbeiter mit geschultertem Bettzeug vorbeiziehen, eine Kategorie, die es in Deutschland (bisher) nicht gibt: Menschen, die arbeiten und trotzdem obdachlos sind.

Die Sozialsysteme funktionieren schlecht und sind obendrein so gestaltet, dass die Städter in puncto Renten oder Arbeitslosenhilfe bevorzugt werden. Eine solche Sozialpolitik erscheint, angesichts des krebsartigen Wachstums der Städte, absurd: Die Menschen werden umso mehr in die Städte gezogen.

Noch einmal Statistik: China hat zwanzigmal so viel Einwohner wie Deutschland, ist aber achtundzwanzigmal so groß.

Gewiss muss man Wüsten und unwegsame Gebirge abziehen, dennoch gibt es viel Raum. Aber anstatt die Besiedlung des bevölkerungsarmen Westens voranzutreiben, hat die Partei über Jahrzehnte offenbar eine Politik verfolgt, die hässliche, kaum noch zurückzubauende Ballungsgebiete an der östlichen Peripherie hervorgebracht hat.

Zweifellos hat die irrwitzige Bautätigkeit in den Städten eine Erhöhung des Pro-Kopf-Wohnraums gebracht, allerdings ist Wohnqualität ja nicht nur eine Frage von Quadratmetern. Übrigens gibt es hierzu äußerst widersprüchliche Angaben: Während das chinesische Ministerium für Wohnung und Städtebau mitteilt, der Durchschnittschinese bewohne circa *dreißig* Quadratmeter, sagt das deutschsprachige Wikipedia, dass Shanghai, immerhin die reichste Stadt Chinas, über eine durchschnittliche Pro-Kopf-Nettowohnfläche von *neun* Quadratmetern verfüge (in Deutschland liegt sie bei *einundvierzig* Quadratmetern).

Ich habe die beiden chinesischen Schriftsteller gefragt, welche Zahlen plausibel seien. Die Antwort war, dass sie das schwer beantworten könnten, weil sie selbst weit über dem chinesischen Durchschnitt lägen. Ouyang Jianghe kann zwar von seiner Dichtung nicht leben, ist aber offenbar als Kalligraph sehr erfolgreich. Li Er hat von seinem *Granatapfel* in China 200 000 Exemplare verkauft (bei allerdings niedrigen Buchpreisen) und hat außerdem einen Neben- oder, das verstehe ich nicht recht, sogar einen Hauptjob.

Wieder eines von den chinesischen Rätseln: Die kritischen Schriftsteller, behaupten die beiden, verdienten im Allgemeinen mehr als die parteitreuen.

Sie selbst rechnen sich eindeutig zu den kritischen Schriftstellern, obwohl Li Er auch erzählt, dass Liao Yiwu, der Friedenspreisträger des Deutschen Buchhandels, ihn als fetten Arsch beschimpft habe, der sich von der Partei durchfüttern lässt. Überflüssig, dass Li Er aufsteht, um zu demonstrieren, wie mager sein Hintern ist.

Normal: dass Li Ers Familie sich eine «Kochfrau» leistet.

Bemerkenswert: dass Ouyang Jianghe schon oft und längere Zeit in New York war.

Erstaunlich: dass eine Dozentin, die mit uns am Tisch sitzt, sich von einem Privatchauffeur abholen lässt. Ihr Mann sei Unternehmer, erfahren wir, und habe sogar mehrere Autos und Chauffeure.

Was ist eigentlich, frage ich mich, an diesem System «kommunistisch»? Abgesehen von den hölzernen Reden, die noch immer von den Parteiführern gehalten werden.

Peking, 10. Mai 2013. Bei der Lesung in der Pekinger Universität saß eine Journalistin in der ersten Reihe und schlief die ganze Zeit. In der anschließenden Pressekonferenz war sie plötzlich hellwach und stellte die meisten Fragen, unter anderem, welche deutschen Autoren ich empfehlen könne. Die Autoren, die ich nenne, sind ihr dann sämtlich unbekannt.

Zwei Studentinnen fangen mich auf dem Flur ab und wollen wissen, wie ich die Figur Kurts in meinem Roman beurteile. Sie fühlen sich offenbar verpflichtet, Kurt, weil er fremdgeht (und besonders, weil er von einer *ménage à trois* träumt), moralisch zu verurteilen, und sind verwirrt, als ich ihnen sage, dass das ganz und gar nicht nötig sei.

Der Leiter des Goethe-Instituts kommt übrigens weder mit zur Lesung noch zum anschließenden Essen. Mein Verdacht:

Die Diskussion mit den chinesischen Schriftstellern war ihm nicht antikommunistisch genug. Allerdings ergibt sich auf diese Weise die Gelegenheit, besonders ausführlich und offen mit dem Germanisten und Walser-Übersetzer Huang Liaoyu zu reden, der sich als ein außerordentlich interessanter und eloquenter Gesprächspartner erweist. Er spricht fließend Deutsch, wir unterhalten uns lange über die Kommunikations- und Denkweise der Chinesen.

Aufschlussreich beispielsweise seine Erzählung über die Absetzung des Präsidenten der Pekinger Universität. Offiziell hieß es, seine Amtszeit sei abgelaufen. In inoffiziellen Internet-Zeitungen und Blogs wurde dagegen kritisiert, er habe sich zu *parteifreundlich* gezeigt. Ein zentraler Vorwurf dabei: Er habe beim Besuch eines Ministers zu breit gelächelt; sein Lächeln wurde im Internet ausgiebig mit dem Lächeln der anderen Teilnehmer verglichen ...

Aber selbst wenn man solche – für deutsche Verhältnisse absurden – Vergleiche anstellt: Wieso setzt die Partei jemanden ab, der zu parteinah ist? Will die Partei damit zeigen, dass sie Ämter unabhängig besetzt? Oder hat sie einfach die Gelegenheit genutzt, einen Mann loszuwerden, der für einen Leitungskader nicht glatt, nicht unauffällig genug war? Der Mann ist Chemiker und hat, beispielsweise, ein – angeblich dilettantisches – Singspiel über die Chemie verfasst, das mit großem Pomp öffentlich aufgeführt worden ist.

Es gibt viele mögliche Deutungen, und in China beschäftigt man sich damit. Nicht mit dem, was jemand tatsächlich getan oder gesagt hat, sondern mit dem, was gemeint sein könnte. Während wir Europäer das Unterschwellige in der Kommunikation ignorieren oder zumindest vernachlässigen, beschäftigen sich die Chinesen *hauptsächlich* damit. So ist China, voller Zeichen, wie die Gärten der Ming-Dynastie.

Womöglich hängt das auch mit der Sprache zusammen. Da die meisten Wörter in China einsilbig und die Anzahl der Silben begrenzt ist, kommt es, da zwei Wörter zwar unterschiedliche «Schreibweisen» haben, aber gleich klingen, häufig zu Doppelbedeutungen. Das mag ein Grund sein, dass sich chinesische Komik oft nicht übersetzen lässt. Wie sollte ein Nicht-Chinese jene Parodie verstehen, bei der Reporter die Leute auf der Straße fragen: *Heißen Sie Fu?* Der Witz bestehe darin, erklärt uns Huang Liaoyu, dass dies im Chinesischen genauso klingt wie *Sind Sie glücklich?* und dass bei einer Umfrage, die kürzlich im offiziellen Fernsehen lief, ein Bauer geantwortet haben soll: Nein, er heiße nicht Fu, sondern Sowieso.

Pflichtprogramm: Kaiserpalast (Verbotene Stadt). Eine ehemalige Mitarbeiterin des Goethe-Instituts begleitet uns. Sie ist vor dreizehn Jahren nach China gekommen, aus Liebe zum Land. Damals, erzählt sie, waren die meisten Straßen in Peking so schmal, dass die Baumkronen darüber zusammenwuchsen. Heute denkt sie darüber nach, wieder nach Deutschland zurückzukehren.

Der Kaiserpalast liegt genau in der Mitte der zentralistisch angelegten Stadt. Man betritt ihn vom Tian'anmen-Platz her, dessen Name – Platz des Himmlischen Friedens – seit dem Massaker von 1989 ironisch klingt. Der Platz ist groß, bestens geeignet für riesige Aufmärsche. An seiner Südseite steht das riesige Mausoleum von Mao Zedong, auf dessen Besuch wir verzichten. Aber auch über dem Eingang zum Kaiserpalast prangt ein Mao-Porträt. Soldaten stehen stramm zwischen einströmenden Touristen.

Auf den Dias meines Vaters sind die Plätze und Höfe noch leer. Vielleicht würde sich ein Gefühl einstellen, wenn man hier ein Stündchen allein sein könnte. Die interessanteste Neuigkeit für mich ist, dass die Regierung hier nicht nur ihren Sitz hat, sondern auch wohnt, genauer gesagt: im ehemaligen Garten des Kaiserpalasts. Und, ebenfalls interessant, dass es in einem der angrenzenden Parks eine Art Heiratsmarkt gibt, den wir dummerweise nicht besuchen.

Hier nämlich betreiben Eltern Brautwerbung für ihre Kinder. Zwar werden chinesische Töchter nicht, wie in manchen muslimischen Ländern, ohne ihr Einverständnis verkuppelt. Vielmehr scheint es so zu sein, dass die Eltern die Funktion einer Kontaktbörse übernehmen, weil die Kinder entweder keine Zeit haben oder vor einer offenen Partnersuche zurückschrecken. Zweifellos spielt dabei die Tradition eine Rolle. Die Hochzeit ist, wie uns eine chinesische Studentin einmal erklärt hat, nicht nur eine Sache zwischen zwei Menschen, sondern auch zwischen zwei Familien, und die Familie gilt in China nach wie vor viel. Hinzu kommt, dass die chinesischen Kinder heutzutage fast ausschließlich Einzelkinder sind, sodass sich die ganze Aufmerksamkeit auf sie richtet. Sie genießen ein Übermaß an familiärer Zuwendung, zugleich – Nebenwirkung der Ein-Kind-Politik – ist der Druck, der auf diesen Kindern lastet, sehr hoch. Sie dürfen nichts falsch machen. Ihr Leben ist vorgeplant, dazu gehört auch eine rechtzeitige und vernünftige Heirat.

Das war also gestern: Verbotene Stadt. Heute, am vorletzten Tag unseres Aufenthalts, haben wir mit freundlicher Unterstützung des Goethe-Instituts den zweiten Teil des Pflichtprogramms erledigt: die Chinesische Mauer. Was sagt man dazu?

Sie ist tatsächlich groß. Sie ist so, wie man sie sich vorstellt, nur steiler. Und überfüllter. Das wirklich Unglaubliche lese ich bei Wikipedia erst hinterher: dass sie nämlich weit über sechstausend Kilometer lang ist. Mit dem Flugzeug würde man dafür circa acht Stunden brauchen!

Im Flugzeug von Dubai nach Hamburg, 12. Mai 2013. In dem neuen Airbus, mit dem wir bis Dubai geflogen sind, kann man, so lese ich erstaunt auf dem Bildschirm, neuerdings auch während des Flugs telefonieren – wenn auch vermutlich gegen hohe Gebühren. Himmelherrgott! Der letzte öffentliche Ort, wo man vor dem Seelenquark seiner Mitmenschen, vor sonoren Chefstimmen und aufgeregtem Teenager-Gewisper verschont blieb – dahin! Der letzte Ort, wo die Leute in Ermangelung eines WLAN-Zugangs mal ein Buch aufschlugen oder einfach ein paar Stunden mit sich verbrachten – falls sie sich nicht, das muss man allerdings sagen, mit irgendwelchen Action-Filmen zudröhnten.

Gestern unser letzter Tag in China. 33 Grad im Schatten. Ein heftiger Wind wirbelt uns Staub ins Gesicht. Im Unterschied zu Shanghai ist der Himmel in Peking blau und das Klima trocken. Und die Kehle auch.

Da wir erst abends fliegen, haben wir noch Zeit, die Pekinger Altstadt zu besuchen – den Rest, der nördlich des Kaiserpalastes davon verblieben ist. Eine Studentin von Huang Liaoyu begleitet uns durch die sogenannten Huttongs, die schmalen Gassen rings um den Honhai-See. Und auch wenn die Häuser hier von der Substanz her zumeist nicht sehr alt sind, sondern mehrfach restauriert oder umgebaut wurden, bekommt man tatsächlich einen Abglanz des alten Peking zu sehen. Erst jetzt verstehe ich, was der Leiter des Goethe-Instituts meinte, als er sagte, er ziehe Peking Shanghai vor. Er meinte *dieses* Peking.

Gewiss, auch hier gibt es Nippes und Rikscha-Fahrer. Aber es finden sich noch reine Wohnstraßen, wo auch mal ein Bewohner im Schlafanzug vor seiner Tür sitzt. Die Häuser sind aus grauem Gestein, keine architektonischen Kostbarkeiten, aber sie sind – klein! Wie wunderbar ist das Kleine! Wie wertvoll ist alles, was auch nur ein bisschen Geschichte hat! Und wenn uns dieser letzte Tag in der Altstadt in gewisser Weise mit Peking versöhnt, so verstärkt und verfestigt er auch das Unbehagen an dem, was nur wenige Schritte außerhalb dieser freundlichen Oase stattfindet, was unseren Planeten jeden Tag ein bisschen hässlicher, unbewohnbarer, geistloser macht: die Gleichschaltung der Welt nach Kriterien des Marktes.

U. S. A.

04. Oktober 2013. Seit fast einer Woche in Minneapolis: erste Station der Lesereise durch die USA. Das letzte Mal war ich mit dem noch ungedruckten Manuskript und ohne Buchpreis hier. Auch damals gab es in der Uni eine sogenannte Salonveranstaltung, zu der honorige Persönlichkeiten und Sponsoren eingeladen wurden, die – durchaus während der Lesung – speisten. Kam ich mir damals auch schon vor wie ein Pausenclown?

Immerhin ist die Veranstaltung ein sogenannter Erfolg, es werden auch viele Bücher verkauft, aber es ist eigentlich alles genauso wie vor zwei Jahren, der Buchpreis und das Erscheinen der amerikanischen Ausgabe, auf der groß «International Bestseller» steht, haben nichts verändert.

Schlimmer noch: Zur Lesung aus dem «International Bestseller» im Bookstore der Universität am nächsten Tag kommen vier Leute (plus fünf von der Uni und von Graywolf). Und selbst zu der (allerdings internen) Lesung aus meinem neuen Buch *Cabo de Gata* im Germanistik-Department kommen gerade mal zehn oder zwölf Leute, vor zwei Jahren waren hier mindestens zwanzig bis fünfundzwanzig.

Der Freund, bei dem ich wohne, ist inzwischen in eine etwas feinere Gegend gezogen, nach Saint Paul. Die Häuser sehen gepflegter aus. Die Busse scheinen öfter zu verkehren, und die Leute in den Bussen scheinen nicht, wie vor zwei Jahren, alle versehrt oder verarmt zu sein.

Seine Freundin Katie unterrichtet an der Uni Französisch. Sie erzählt eine interessante Geschichte: Um die Studenten alle einmal zum Sprechen zu bringen, macht sie im Unterricht öfters eine Runde, bei der jeder etwas sagen muss, das sich auf das bezieht, was einer der Vorgänger gesagt hat. Allerdings hat sie eine Studentin im Seminar, die eine *ärztliche Bescheinigung* hat, dass sie aufgrund psychischer Probleme nichts gefragt und nicht zum Sprechen gedrängt werden darf. Diese Studentin schweigt die ganze Zeit. Soweit ich verstanden habe, schreibt sie auch nicht und darf nicht geprüft werden. Wann werden die Blinden verlangen, dass sie Taxifahrer werden dürfen?

Bei der Lesung aus *Cabo de Gata* macht eine der Studentinnen eine Bemerkung darüber, dass der Protagonist die namenlose Kellnerin in der Pension, die ihm wortlos das Essen hinknallt, in Gedanken die *Dickärschige* nennt. Der Protagonist reduziere die Person auf ihre Geschlechtsmerkmale. Es sei das typische Verhalten eines weißen, männlichen Heteros.

Gestern dann noch eine Lesung im Center for German und European Studies. Heute Lunch mit zwei Graywolf-Mitarbeitern und einem Board-Member.

Sehr typisch amerikanisch: Bei jeder Bestellung, die man aufgibt, wird man vom Kellner gelobt (*wonderful, a good choise* usw.), und die ständigen Nachfragen, ob alles in Ordnung sei und ob es uns schmecke, sind so penetrant und nehmen so wenig Rücksicht auf unsere Gespräche, dass man diese Art Höflichkeit eigentlich unhöflich nennen muss.

10. Oktober 2013. Bis vorgestern Chicago. Die Downtown aus der Ferne ziemlich imposant, wenn auch nicht grundsätzlich von anderen amerikanischen Downtowns verschieden. Alex

holt mich ab, mein Neffe, der bedauerlicherweise für die Tea-Party schwärmt. Auf dem Weg nach Chicago erzählt er mir, dass ein Stadtteil von Chicago den Mord-Rekord hält. Jetzt, beim Aufschreiben, schaue ich bei Wikipedia nach: In den Staaten geschehen jährlich 350 000 bewaffnete Verbrechen. Ungefähr 11 000 Morde, davon 500 Chicago im Jahr 2012.

Langer Spaziergang durch die Downtown (zum Navy Pier). Was von weitem bombastisch aussieht, ist aus der Erdboden-Perspektive immer wieder ein bisschen ermüdend und ziemlich rechteckig, einzig der Fluss meandert auf kurzer Strecke gegen die Geometrie der Stadt, und ich denke wieder mal: Ach, wie schön ist Berlin! Wie viel Himmel und Breite und wie viele schöne Straßencafés! Nur das Wetter ist in Chicago besser. Sonne, zwanzig Grad. Der Navy Pier erweist sich als touristische Veranstaltung. Offenbar kennt Alex die Stadt kaum. Er wohnt hier erst seit etwa einem Jahr, und eigentlich auch nicht hier, sondern vierzig Meilen außerhalb. Wir essen in einem zufälligen Restaurant etwas Lunchartiges, Lammschulter auf lederartigen Kartoffelscheiben.

Auf der Fahrt zu Alex' Wohnort unsere üblichen Dispute. Ich rätsle immer wieder, wie dieser freundliche Junge zu seinen Ansichten kommt. Vielleicht hängt es damit zusammen, dass er der Sohn von Einwanderern ist? Er war selbst fünfzehn, als er (aus Russland) in die Staaten kam, und natürlich ist er seitdem eifrig bemüht, ein «echter» Amerikaner zu werden – worunter man sich wohl einen Republikaner vorzustellen hat.

Besorgt ist er, wie alle Republikaner, um Amerikas Schulden – verständlich bei gegenwärtig 16 Billionen Dollar oder etwa 105 % des Bruttoinlandsprodukts. Nur, dass er, wie alle Republikaner, dagegen ist, die Steuern zu erhöhen, um die

Schulden abzubauen, insbesondere die Steuern derer, die an der Krise Unmengen verdient haben, sondern stattdessen die «Verschwendung» von Steuern für soziale Zwecke und Gesundheitswesen einschränken will.

Dass die Banken und Investoren, die sich verspekuliert haben, ihr Geld vom Steuerzahler wiederbekommen, hält Alex für falsch, aber nicht für entscheidend. Den Klimawandel hält er im Wesentlichen für eine Kampagne von Lobbyisten der erneuerbaren Energien. Eine Pflicht zur Krankenversicherung empfindet er als unerträgliche Einmischung und befürchtet, dass er nun für andere mitbezahlen muss.

Warum denken Menschen so, wie sie denken? Warum denkt Alex, warum denke ich so, wie ich denke? Letzten Endes beruht doch wenig von den Auffassungen, die wir so vehement vertreten, auf Wissen und Argumenten. Was weiß ich denn über das Budget der Vereinigten Staaten? Habe ich etwa den IPCC-Klimabericht vollständig gelesen und geprüft? Man kann nicht alles selbst prüfen, selbst lesen. Man verlässt sich auf andere, man bildet sich ein Urteil, indem man das eine zu glauben bereit ist, das andere nicht. Aber nach welchen Kriterien?

Alex ist Biochemiker, hat in Harvard studiert. Er ist im Begriff, der oberen Mittelklasse zuzustreben. Ist es die Angst um den Besitz, den er – zweifellos – in naher Zukunft akkumulieren wird? Oder ist es einfach, dass er sich nicht schlecht fühlen möchte in seinem klimatisierten Apartment? Oder ist es der Wunsch, einer bestimmten Gruppe, einer Schicht angehören zu wollen? Sind es Freunde, Bekannte, Vorgesetzte? Verkehrt er in Kreisen, in denen soziale und umweltpolitische Verantwortung als lächerlich oder kommunistisch gilt?

Und: Muss nicht auch ich mich befragen? Wo liegt der Gewinn für mich, wenn ich Klimaschutz für wichtig und Umverteilung für nötig halte?

11. Oktober 2013. Die Veranstaltung in der Uni am nächsten Tag war sehr gut besucht. Kurz vor Beginn kam eine dunkel gelockte Frau Mitte dreißig auf mich zu, mit dunkler, halbdurchsichtiger Bluse und einer Art Harry-Potter-Brille auf der Nase, teilte mir mit, dass sie leider nicht an der Lesung teilnehmen könne, weil sie jetzt eine Lehrveranstaltung abhalte, fragte, ob sie mich danach treffen könne, und übergab mir zwei Visitenkarten, denen zufolge sie Französisch, Russisch und Litauisch und sonst noch was fließend sprach und als Dozentin, Fremdenführerin, Schriftstellerin und Sex-Beraterin figurierte ...

Ich gab ihr keine Telefonnummer und entschuldigte mich mit dem Dinner nach der Lesung. Neugierig bin ich aber doch: Was wollte die Frau von mir? Sollte man sich auf solche seltsamen Begegnungen nicht einlassen?

Beim anschließenden Dinner lerne ich einen ehemaligen Präsidenten-Berater kennen, jedenfalls gibt sich der Mann als solcher aus. Er habe das Weiße Haus in ökonomischen Fragen beraten, aber auch bei irgendeiner Militärintervention der USA. Leider nuschelt er dermaßen, dass ich nicht alles verstehe. Seine Frau ist Leserin und gehört zu den Sponsoren von Graywolf. Er selbst interessiert sich ganz offensichtlich nicht für Literatur, er kennt, wie sich herausstellt, weder amerikanische Autoren wie Jonathan Franzen oder Philip Roth, schon gar keine europäischen. Überflüssig zu sagen, dass er nicht bei meiner Lesung war. Dennoch setzt man uns nebeneinander, und das Einzige, was dem Mann zum Thema DDR einfällt, ist, dass er kürzlich in Leipzig das Stasi-Museum besucht habe, und es schwingt fast ein bisschen Mitleid für den ehemaligen DDR-Bürger mit, als er mir versichert, wie grauenhaft das doch alles gewesen sei.

Nun kenne ich das Leipziger Stasi-Museum nicht, dafür aber einigermaßen gut das ehemalige Stasi-Untersuchungsgefängnis Hohenschönhausen, dort habe ich vor zwölf Jahren im Zusammenhang mit meinem Böhme-Stück recherchiert. Auch hier gab es furchterregende Folterkammern im Keller zu sehen, und normalerweise wagte natürlich niemand, den ehemaligen Häftling, der einen mit steinerner Miene durch dieses Grauen führte, nach Einzelheiten zu fragen. Wenn man aber doch fragte, dann stellte sich sehr schnell heraus, dass diese Folterkeller nichts, aber auch gar nichts mit der Stasi-Realität zu tun hatten, sondern erstens aus der unmittelbaren Nachkriegszeit stammten, zweitens ausschließlich von den Russen benutzt worden waren, und dass es sich drittens um «Rekonstruktionen» handelte, die ein halbes Jahrhundert später hergestellt worden waren. Über konkrete Quellen oder Zeitzeugen konnte der ehemalige Häftling zumindest an Ort und Stelle keine Auskunft geben.

Man müsse, so erkläre ich dem ehemaligen Berater des Weißen Hauses, sehr vorsichtig sein mit solchen Darstellungen. Mir persönlich seien weder aus dem Bekanntenkreis noch von meinen Recherchen Fälle bekannt, bei denen die Stasi physische Folter anwandte. Der Mann ist verblüfft, will mir offenbar nicht richtig glauben. Dass seine Bemerkung über Stasi-Methoden Assoziationen zu Abu Ghuraib und die Folterpraktiken der USA wecken könnte, fällt dem Mann offenbar gar nicht ein – und ich ärgere mich jetzt, dass ich es unterlassen habe, ihn danach zu fragen.

Am nächsten Morgen Aufbruch nach Atlanta. Ich verzichte auf ein Taxi und nehme – was für eine gute Idee! – die Bahn zum

Flughafen. Ich bin fast allein in dem klapprigen Aluminium-Container. Ein sonniger Tag. Von der erhöhten Trasse aus ein guter Ausblick auf die imposante Skyline von Chicago, aber auch auf den seltsamen Gürtel, der die Downtown umgibt: eine Mischung aus Gewerbegebieten mit Tankstellen, Fabriken, verrottenden Industrieanlagen und Wohngebieten mit zwei- oder dreistöckigen Wohnhäusern, Fastfood-Restaurants. Erst wenn man diesen Gürtel durchquert hat, beginnen die typischen, amerikanischen Einfamilienhausgegenden.

Was mir bei dieser Gelegenheit einfällt: Jemand hat mir erzählt, dass die Schulen in Amerika von den Grundsteuern bezahlt werden. Das bedeutet, dass die armen Gegenden, wo Grundsteuer und Grunderwerbssteuer billig sind, wesentlich weniger Geld für die Schulen zur Verfügung haben als die teuren. Eine Zeitlang hat man das durch das «Bussing» auszugleichen versucht, aber dieser Versuch scheint in Zeiten des Neoliberalismus allmählich im Sande zu verlaufen. Die Art der Finanzierung schafft das perfekte Zweiklassen-Bildungs-System, und kein Politiker, so wurde mir erzählt, kann es sich leisten, die sogenannte Mittelklasse mit der Abschaffung dieses Systems zu verärgern.

In Atlanta treffe ich Jan, einen der unendlich vielen Bekannten meines Freundes aus Minneapolis, der hier eine Professur für Germanistik hat. Zwar ist die Uni hauptsächlich technisch ausgerichtet, aber wohlhabend. Die Germanistik dient hauptsächlich der Sprachausbildung der Technikstudenten, leistet sich aber demnächst sogar einen Masterstudiengang und – zum Beispiel – den Besuch eines deutschen Schriftstellers.

Zur Lesung im «Theater» der Universität kommen etwa einhundert Menschen, aber offenbar sind viele von ihnen Studenten, die zum Besuch der Veranstaltung, wenn nicht verpflichtet, so doch angehalten worden sind. Ural, Gulag, DDR, Sowjetunion: meine Biographie (und natürlich meine Geschichten) müssen in ihren Ohren prähistorisch klingen. Offenbar bin ich für sie so etwas wie ein Fossil. Sie hören höflich, sogar aufmerksam zu, getrauen sich aber kaum zu lachen, obwohl ich ein paar wirklich witzige Stellen ausgewählt habe.

Dann gehen wir essen, in ein sehr gutes Restaurant, und obwohl mir alle versichern, wie wunderbar die Lesung und das anschließende Gespräch waren, sind es am Ende nur drei Kollegen, die die Gelegenheit nutzen, auf Kosten des Departments mit einem deutschen Schriftsteller essen zu gehen. Es gibt Austern als Vorspeise. Die Jakobsmuscheln, die ich zum soundsovielten Mal in meinem Leben versuche, sind zwar nicht wirklich schlecht, aber auch nicht sensationell: Sollte ich Jakobsmuscheln aufgeben? Fragen eines reisenden Schriftstellers.

Am nächsten Tag noch eine kleine Veranstaltung mit Jans Studenten über die NSA-Abhör-Affäre. Sie haben meinen Artikel aus der FAZ übersetzt. Ich bin merkwürdig scharf darauf, das amerikanische Selbstbild ein bisschen zu erschüttern. Ich bereite mich vor wie auf ein Seminar, informiere mich noch einmal über die Abu-Ghuraib-Affäre und die Problematik der Guantánamo-Häftlinge, die nicht unter amerikanischer Gesetzlichkeit stehen, schlage nach, welche internationalen Abkommen die USA zu unterzeichnen sich weigern (Klimaschutz, Anerkennung des Internationalen Gerichtshofs, Ächtung der Landminen), zähle noch einmal die Kriege, die Amerika seit 1946 geführt hat (es sind fast zwanzig, sieht man von zahlreichen Fällen kleinerer Militäraktionen, indirekter Einmischungen – wie in Kuba – oder massiven Waffenlieferungen an Diktatoren ab), und finde im Internet, ja sogar auf *youtube* plötzlich jene uralten Songs des amerikanischen Mathematikers und Liedermachers Tom Lehrer, die mir meine Großmutter irgendwann Ende der sechziger Jahre vorgespielt und übersetzt hat, und es scheint sich – unglaublich – seitdem fast nichts verändert zu haben:

When someone makes a move
Of which we don't approve,
Who is it that always intervenes?
U.N. and O.A.S.,
They have their place, I guess,
But first ... Send the Marines!

Jetzt sitze ich im Flugzeug nach San Francisco, der Landeanflug beginnt gerade. Ich zähle: Jetzt habe ich noch diese Landung und zwei weitere Flüge vor mir. Ich lebe gern, und wie gern möchte ich wieder zu Hause sein! Es geht mir im Augenblick doch verdammt gut, und sofort, da ich dies aufschreibe, besetzt mich schon wieder der Aberglaube, dass gerade dies meine letzten Worte sein könnten – zur Strafe für meine Hybris. Lieber Gott, gib mir noch Zeit. Ich werde versuchen, mich zu bessern.

13. Oktober 2013. Wenn man den berühmten (und wohl einzigen) Song von Scott McKenzie noch im Ohr hat, dann stellt man sich den Sommer in San Francisco irgendwie hippiehaft-warm vor, Leute mit Blumen in den Haaren, die sich an der Bay nackend sonnen. Aber man soll lieber auf die Literaten hören als auf die Rocksänger. Von Mark Twain stammt der Satz: «Der kälteste Winter meines Lebens war ein Sommer in San Francisco.»
Der Punkt ist der, dass der Pazifische Ozean hier sehr kalt

ist. Den Sommer über ist SF wohl hauptsächlich bewölkt. Der schönste Monat sei, wie der Hotelbesitzer mir versicherte, der Oktober. Aber auch jetzt sind die Vormittage grundsätzlich von Wolken verhangen. Erst gegen elf Uhr beginnen sie, sich aufzulösen. Die Temperatur steigt dann bis auf circa zwanzig Grad Celsius, es bleibt also deutlich kühler als in Atlanta.

Trotzdem – und obwohl ich mir San Francisco überhaupt vollkommen anders vorgestellt habe: bunter, wärmer, heller – ist es, zumindest auf den ersten Blick, wohl die angenehmste amerikanische Stadt, die ich bisher gesehen habe. Das liegt einfach daran, dass San Francisco hauptsächlich weder aus einer schluchtenartigen Downtown noch aus den typischen, flächigen Einfamilienhaussiedlungen besteht. Typisch für das urbane Zentrum von San Francisco sind vielmehr jene bunt gemischten Häuser mit meist drei bis fünf Stockwerken, europäischen Städten ähnlich, abgesehen von der offensichtlichen Tatsache, dass keine Verordnung die Traufhöhe reguliert.

Immerhin, merkwürdig zu denken, wie stark äußerliche, technische Faktoren die Lebensart einer Stadt beeinflussen – die Haushöhe oder, wie mir eben in diesem Moment klarwird, die überbreiten Gehwege Berlins, die die Stadt nicht nur weit und hell machen, sondern auch urbane Lebens- und Begegnungsräume sind.

Die Gehwege in San Francisco sind schmaler, es gibt kaum eine Straßencafékultur; die Hügel und die Cablecars erinnern an Lissabon mit seinen alten Straßenbahnen (die allerdings, im Gegensatz zur nur noch von Touristen benutzten Cablecar, zugleich ein echtes Verkehrsmittel sind); die chaotische Urbanität lässt mich ein bisschen an Mexiko denken. Und doch denke ich, als ich aus dem Auto steige, zuerst an Berlin. Auch wenn beide

Städte inzwischen stark durch den Tourismus überformt sind, ist hier wie dort noch der Hauch der Gegenkultur zu spüren, die seit den Sechzigern – gewiss auf verschiedene Weise – in diese Städte einströmte: Hippies, Hausbesetzer, Wehrdienstverweigerer.

Was tut man mit einem Nachmittag plus einem Vormittag in San Francisco? Von meinem charmanten, leicht patinösen Hotel in der Bush Street spaziere ich Richtung Norden zur Bay. Unterwegs besuche ich den berühmten City Light Bookstore, wo ich übrigens weder mein Buch noch das irgendeines noch lebenden deutschen Kollegen finde (abgesehen von unserer jüngsten Nobelpreisträgerin Herta Müller). Ich esse unterwegs in einer Art italienischem Restaurant. Habe sofort ein nettes Gespräch mit einem Ehepaar, das mir einen bestimmten Chianti empfiehlt. Wandere dann weiter zur Bay, von wo aus man in einiger Ferne die Golden Gate Bridge und die Gefängnisinsel Alcatraz sieht, alte Bekannte in gewisser Weise: Um die Zeit, als gerade *Windows* in Mode kam und ich meinen Desktopcomputer noch hin und wieder als Spielzeug benutzte, hatte ich den Flugsimulator FS4 installiert, samt einer sehr schematischen und vermutlich raubkopierten Szenerie von San Francisco. Damals kreiste ich mit einer virtuellen Cessna über Alcatraz und der Golden Gate Bridge. Ich erinnere mich, dass man auch Nebel simulieren konnte – der jetzt tatsächlich, während über der Stadt die Sonne scheint, ein Drittel der Brücke verhüllt.

Ich spaziere die sonnige Meile an der Bay südwestwärts. Kleine Yachthäfen, in denen man auch Boote zum Lachsangeln oder *whale watching* chartern kann. Souvenir- und Klamottenläden, in denen ich beiläufig (und natürlich vergeblich) nach einem Geschenk für Martina Ausschau halte. Restaurants, in denen Krabben angeboten werden. Natürlich ist das alles sehr touristisch, und dennoch: San Francisco macht gute Laune! Als ich vor der Terrasse eines solchen Restaurants stehe und unschlüssig, weil schon satt, die Speisekarte betrachte, ermutigen mich zwei krabbenknabbernde Amerikanerinnen, eine Krabbe zu probieren, und fordern mich dann sogar auf, mich mit an ihren Tisch zu setzen.

Als so besonders gut erweist sich die Krabbe nicht, obwohl die armen Viecher lebend einem großen, trüben Aquarium entnommen werden, wo sie bis zu ihrem Tod schmachten (ich verzichte, danach zu fragen, ob man sie tatsächlich lebend ins kochende Wasser schmeißt). Immerhin kommen wir ins Gespräch, die beiden Frauen sind aus Colorado und machen Urlaub hier. Auch ihnen hat das touristische Flair, das sie abfällig als *vanilla* bezeichnen, die Laune nicht verdorben. Schnell entwickelt sich ein Gespräch an den üblichen Fragen entlang, und ich sehe keinen Grund, den Anlass meines Aufenthalts zu verheimlichen. Da heutzutage alles sofort gegoogelt werden kann, haben sie mein Buch samt New-York-Times-Kritik und Verkaufszahlen in null Komma nichts auf dem Smartphone, was ihr Verhalten aber erfreulicherweise kaum verändert. Dennoch: seltsam, diese neue Welt.

Eine von den beiden, ich glaube, sie hieß Pam, ist Webdesignerin, die andere, June, war lange in einem kraftraubenden Job in der Tourismusbranche tätig und ist jetzt glücklich, Schmuck herzustellen. Ehe ich mich's versehen kann, haben sie meine Krabbe bezahlt, ich revanchiere mich, indem ich ihnen in der gegenüberliegenden Bar einen Whisky ausgebe. Bei der Gelegenheit stellt sich, halb zufällig, heraus, dass die Schmuckgestalterin, June, sehr gut mit dem Popsänger Sting bekannt ist, zumindest hat sie Fotos mit ihm auf ihrem iPhone – allerdings muss ich einschränkend sagen, dass ich Sting nicht so gut kenne, dass ich ihn wiedererkennen würde.

Dann passiert etwas Komisches: Die Frauen halten Ausschau nach einem Taxi, es ist aber gerade keines greifbar, stattdessen steht zufällig eine Stretch-Limousine herum, und die Webdesignerin, Pam, falls sie so heißt, überredet den Fahrer, sie für fünfzig Dollar nach Hause zu fahren. Ich fahre mit bis zu meinem Hotel, das ziemlich genau auf dem Weg liegt. Also sitzen wir plötzlich zu dritt in so einer seltsamen Limousine, der Fahrer hat laute Partymusik angemacht, Pam zappelt rhythmisch auf ihrem Sitz herum, fragt mich aus, bis wir plötzlich, schwer zu sagen, warum, über meine Frau reden, genauer gesagt, will Pam wissen, wie meine Frau heißt und ob sie mir wichtig ist (was ich energisch bejahe), und wird auf einmal auf eine Art, die ich für amerikanisch halte, romantisch, ja empfiehlt mir sogar, mir ein Tattoo mit ihren Initialen machen zu lassen … Seltsam, wenn ich jetzt darüber nachdenke. Als hätte sie mich (oder sich selbst?) unterschwellig ermahnen wollen, nichts Unmoralisches zu tun – dabei hatte die Situation von Anfang an nichts von einem Flirt, noch nicht einmal von einem harmlosen. Oder ist mir etwas entgangen?

Am nächsten Vormittag bin ich früh zum Ferry Building. Das ist die Ostseite der Bucht, daher habe ich es mir für den Vormittag aufgehoben. Und tatsächlich kann man hier, wie ich es ausgerechnet habe, gegen elf in der Sonne sitzen und frühstücken. Nach dem Frühstück leihe ich mir per Kreditkarte eines von den City-Fahrrädern aus, Damenrad mit Sieben-Gang-Schaltung, und radle den ganzen Weg an der Küste zur Golden Gate Bridge. Wie so oft, ist der Weg wunderbar, das Ziel jedoch fragwürdig:

Sobald man sich – zusammen mit Hunderten anderer Rad-
fahrer – den steilen Anstieg zur Brücke hochgekämpft hat, ist
man plötzlich in einer anderen Klimazone: Es ist kalt, neblig und
windig, hinzu kommt der Autoverkehr, der in sechs Spuren über
die Brücke donnert ...

Am Abend die Lesung im Goethe-Institut, das allerdings nur
die Räumlichkeit stellt. Es ist eine Veranstaltung im Rahmen
des LitQuake-Festivals, eine Anspielung auf Earthquake, wenn
ich richtig verstehe – kühner Name, wenn man bedenkt, dass
San Francisco direkt auf der San-Andreas-Verwerfung steht.
Werbung für dieses Festival oder gar für meine Lesung sehe ich
nirgendwo. Im Programmheft der LitQuake steht lediglich eine
recht unauffällige Ankündigung, in der sogar Zitate und Lob-
reden aus Zeitungen und Rundfunk fehlen, umso mehr bin ich
verwundert, dass der Raum am Ende bis auf den letzten Platz
besetzt ist, circa hundertzwanzig Leute. Allerdings viele Deutsche darunter.

Anschließend das übliche Dinner mit der Chefin des Goethe-Instituts, ihrem Mann, ihrer Tochter und einem stark nach
Ex-Hippie aussehenden Zeitgenossen, aus Hamburg stam-
mend, der seit zwanzig Jahren in SF lebt und nun sein Geld mit
touristischen Führungen verdient. Der Ehemann stellt sich als
Journalist vor. Er scheint mit seiner Frau mitzureisen. Bis vor
zwei Jahren waren sie in Afrika, seitdem in San Francisco. Aus
irgendeinem Grunde scheue ich mich, zu fragen, für welche
Zeitung er schreibt. Wir reden über das Verhältnis von Amerika
zu Europa, und er verteidigt die Amerikaner mit unerwarteter
Vehemenz gegen den Vorwurf der Ignoranz, den ich, besonders
im Zusammenhang mit der Literatur, ins Gespräch bringe, während sich seine schüchterne Tochter zu Tode schämt, dass er,

der ansonsten nur einen Tee bestellt hat, die Reste ihres Huhns abknabbert.

Am nächsten Morgen, vor dem Abflug, kaufe ich mir – in der Flughafenbuchhandlung (!) – die neuesten Interviews mit Noam Chomsky.

16. Oktober 2013. Inzwischen seit drei Tagen in Boston bei meiner Schwester. Am ersten Tag frei, mit ihr und Jakov nach Gloucester Lobster essen gefahren. Eine hübsche Ehe-Komödie, die beiden. Sie sind seit vierundvierzig Jahren verheiratet, obwohl sie seit einigen Jahren getrennt leben. Allerdings unterhalten sie seit einiger Zeit wieder eine, wie meine Schwester betont, rein freundschaftliche Beziehung. Jakov ist ein lieber Kerl, ehemals Kameramann in der Sowjetunion, hier ein Niemand, auf sympathische Weise dem Geld gegenüber gleichgültig, aber er ist so umständlich, so langsam in seinen Gedanken, dass selbst ich mitunter schon weiß, was er sagen wird, bevor er den Mund aufmacht. Charlotte ist dagegen mit ihren fünfundsiebzig Jahren noch immer auf Draht, hat auf ihre alten Tage noch hervorragend Englisch gelernt und ist stets in Bewegung. Tatsächlich erinnert sie mich sehr an meine Großmutter Charlotte, nach der sie ja auch heißt. Sie hat diese Frau nie im Leben gesehen, und es ist seltsam zu beobachten, wie stark sich selbst Gesten oder gar Attitüden vererben. Sie ist genauso flink im Geiste, genauso willensstark und diszipliniert, hat aber auch dieselbe Neigung zur freundlichen Übertreibung und dieselben winzigen Anwandlungen von Arroganz denen gegenüber, die nicht so flink und hell sind wie sie selbst.

Bei alledem sind beide – Charlotte und Jakov – noch immer sehr russisch. Charlotte sieht täglich russischsprachige Fernsehsender, hat ausschließlich russische Freunde (von denen es hier reichlich gibt), liest russisch, kocht russisch und sieht russisch aus. Und schrecklicherweise muss ich zugeben, dass es mir ein bisschen peinlich ist, in Gesellschaft von Jakov und Charlotte ebenfalls für einen russischen Immigranten gehalten zu werden.

Zudem tritt Jakov ein bisschen auf wie jemand, der dem ahnungslosen Verwandten aus Übersee die Vereinigten Staaten erklären muss, er spricht im Brustton der Überzeugung und verwendet neuerdings häufig und gern die Phrase *just in case* – leider nicht immer ganz passend. Das letzte Mal, als ich ihn gesehen habe, liebte er es, *by the way* zu sagen, eine Wendung, die aus seinem Repertoire verschwunden ist.

Interessant, was die beiden über die Grand-Canyon-Tour ihres Sohnes (Alex) erzählen, den ich in Chicago besucht habe. Wir kommen darauf, weil wir über Mark sprechen, jenen Jugendfreund meiner Schwester, der uns damals (2004) im roten Passat durch Moskau gefahren hat. Er hat nämlich diesen Sommer zusammen mit einer ziemlich großen Gruppe von Freunden eine Kajak-Tour auf dem Eismeer gemacht. Obwohl es nicht kalt war, war es doch ein bisschen abenteuerlich. Campieren auf irgendwelchen kahlen Inseln, das wahrscheinlich knappe Holz für das Lagerfeuer sammeln, Essen aus verrußten Konservendosen, auch die Gitarre wurde irgendwie mitgeschleppt – eigentlich nichts Besonderes, aber wunderbar, es erinnert mich ein wenig an meine Touren etwa durch das Rodna-Gebirge in Rumänien, wo wir in vier Tagen nur einem einzigen Menschen begegneten, einem Bauern, der seine zwei Kühe über den Pass trieb und der uns einen Brocken eines wunderbaren, mürben, weißen Käses schenkte.

Und nun kommt die Tour von Alex durch den Grand Canyon: die perfekte Reise. Er hat fünftausend Dollar für die Reise bezahlt (obendrein noch circa dreitausend für Ausrüstung, Anreise, Trinkgelder usw.). Seine einzige Aufgabe war es, in einem Boot zu sitzen, das von einem Crewmitglied durch den Grand Canyon gerudert wurde, und kalte Füße zu kriegen. Die Ausrüstung, die erstklassige Verpflegung und das Lagerfeuerholz wurden auf gesonderten Gummibooten mitgeführt. Abends wurden sie bekocht. Auch Gitarrenspiel und Lagerfeuerlieder waren im Preis inbegriffen … Schöne, neue Welt.

Obwohl mich jemand vom Bostoner Goethe-Institut aus Lynn zur Lesung abholen will, beschließe ich, mit der klapprigen Vorortbahn zu fahren, um zu sehen, ob sie noch immer so klapprig ist: Sie ist es. Die Schaffner haben immer noch Knipszangen, mit denen sie die Billetts abknipsen. Und die Türen sind, wie ich erst dieses Mal verstehe, nicht etwa zum größten Teil kaputt, sondern man darf aus irgendwelchen Gründen nur da einsteigen, wo ein Schaffner steht und den Einstieg überwacht.

Habe dann sehr viel Zeit. Hole mir einen Kaffee bei Starbucks (der mir komischerweise geschenkt wird), schlendere durch den zentralen Stadtpark längs der Beacon St. und erinnere mich, dass ich genau hier auch schon mit Martina entlanggeschlendert bin. Die Sonne geht gerade unter, blendet mich regelrecht. Eine Weile sitze ich auf einer Bank unter wundersamen Affenbrotbäumen, wenn ich nicht irre, und beobachte die grauen Eichhörnchen (*squirrels*), und Boston erscheint mir schön wie noch nie.

Lesung ist in Ordnung, der Raum mit sechzig Plätzen voll. Was will man erwarten, schließlich gehöre ich zu einer aussterbenden Art. Selbst die Leiterin des Goethe-Instituts berichtet, dass ihre Söhne keine einzige Zeile mehr lesen – jedenfalls nichts, was Literatur ähnelt.

19. Oktober 2013. Am nächsten Tag eine Lesung im Wellesley College: ein reines Mädchencollege, wie sich herausstellt. Hier haben Madeleine Albright und Hillary Clinton studiert, eine Schule für höhere Töchter, so scheint es, aber der (deutsche) Professor versichert mir, dass es nach der Wirtschaftskrise eines der letzten Colleges sei, das die Bewerber vor allem nach Leistung auswählt. Das Geld kommt von Sponsoren, insbesondere von solchen, die einmal hier studiert haben. Auffällig immerhin, dass sich unter den Zuhörerinnen keine einzige Schwarze befindet.

Der Chauffeur, der mich herbringt, ist dagegen schwarz, und der Chauffeur, der mich wieder zurückbringt, ist auch schwarz. Während die wichtigen Rollen in amerikanischen Filmen immer so schön paritätisch verteilt sind, springt die Ungleichheit von Weißen und Nichtweißen in der amerikanischen Realität ins Auge. Eine Geschichte, die mir der deutsche Professor erzählt: In Wellesley, dem Stadtteil der Millionäre, wohnt kein einziger Schwarzer; nur einer, ein sehr reicher, schwarzer Baseball-Spieler hat sich vor einiger Zeit eine Villa gekauft. Er hat es ein Jahr lang hier ausgehalten, dann hatte er die Nase voll davon, immer von allen für einen Dienstboten gehalten zu werden. Hauptsache, man nennt die Schwarzen nicht schwarz. Das heißt dann – *political correctness*.

20. Oktober 2013. Seit zwei (oder drei?) Tagen in New York. Mit dem Zug gefahren, in Penn Station ausgestiegen, auf die Straße hinausgetreten und – fühle mich ein bisschen wie zu Hause: Eilige Stadtbewohner, die an einem vorbeischauen, einen anrempeln, wichtige Telefonate führen; verrückte Kostüme, verrückte Frisuren ... Ein Penner (schwarz) spricht auch ohne Telefon laut mit einem imaginären Gegenüber.

Am ersten Tag wieder ein Lunch mit – ja mit wem eigentlich? Jetzt denke ich schon eine Minute darüber nach … Ja, natürlich, mit der Chefin meines amerikanischen Verlages, außerdem einer Journalistin mit leichtem Bartwuchs, einer schönen, jungen Graywolf-Autorin, die leider etwas zu schnell für mich spricht, dem Kritiker der *New York Times*, der die wunderbare Rezension über meinen Roman geschrieben hat, und einem Übersetzer, der gerade Johnsons *Jahrestage* übersetzt, über die er mich prompt befragt – und die ich nicht gelesen habe. Zum Glück kann ich auf die *Mutmaßungen über Jakob* überleiten, das ja bekanntlich unter dem Einfluss Faulkners entstand oder zumindest seine endgültige Form fand. Allerdings bin ich allmählich so weit, zuzugeben, dass ich das Buch angestrengt, formal und wenig sinnlich finde.

Am Abend dann eine Lesung in einer Art Garage in Brooklyn: das Hauptquartier eines New Yorker Kunstmagazins. Lesung nur fünfzehn Minuten. Sehr viele junge Leute dieses Mal, die auch sehr interessiert nachfragen. Vor allem wollen sie wissen: Wie macht man einen Erfolgsroman? Wie habe ich die Kapitel geplant, wie viel Spontanität, wie viel Bauch, wie viel Mathematik? – Lesen wollen sie das Buch dagegen nicht. Gekauft werden nur vier oder fünf Exemplare, und nur von Nicht-so-Jungen. Ähnlich, erfahre ich, verhält es sich mit dem Kunstmagazin: Alle wollen darin schreiben. Nur kaufen wollen sie es nicht.

In der Nacht E-Mail-Verkehr mit Martina. Die Sehnsucht ist groß, wir schicken erotische Signale über den Teich, die vermutlich auch auf irgendwelchen NSA-Servern gespeichert werden …

Am nächsten Tag früh ein sehr interessantes Treffen mit einem Sponsor, der allerdings nicht nur Graywolf sponsert, sondern z.B. auch ein Projekt, bei dem er armen New Yorker Kindern hilft, in Berufe im Bereich grüne Energien zu kommen. Er ist ein stiller, eher kleiner Mann, zwischen sechzig und siebzig, er trägt einen Business-Anzug über einem dunklen Pullover, dazu eine Plastik-Armbanduhr und pinkfarbene Laufschuhe. Auf die Frage, womit er sich beruflich beschäftigt, antwortet er: Malen. Allerdings stellt sich heraus, dass er bis vor zwanzig Jahren ein Business betrieben und viel Geld damit verdient hat. Er fragt mich, ob ich wisse, was *venture capital* sei. Der Hinweis darauf, dass ich als Ex-DDR-Bürger nichts von solchen Dingen verstehe, ist nicht nötig: Er hat kein großes Bedürfnis, mir davon zu erzählen.

Was er mir aber erzählt: dass er Christa Wolf 1984 mit 25 000 Dollar persönlich unterstützt hat. Damals waren das ungefähr 75 000 D-Mark – eine für uns unvorstellbare Menge Geld. In unseren Augen war Christa Wolf damals schon eine internationale Berühmtheit, in den Augen dieses Amerikaners eine arme, ostdeutsche Autorin, die in den USA gerade mal 2000 Exemplare ihres Buches verkaufte.

Glaubhaft wirkt seine Erzählung schon deshalb, weil er sich halb dafür entschuldigt: Er habe noch nichts von den Stasi-Verwicklungen gewusst. Ich beruhige ihn: Es habe keine «Verwicklungen» gegeben, und Christa Wolf habe die Zusammenarbeit schließlich abgelehnt (über ihre Vergesslichkeit schweige ich an dieser Stelle, insbesondere über die literarischen Konsequenzen dieser Vergesslichkeit – für eine Schriftstellerin, die Wahrhaftigkeit ja *zu einer Form* gemacht hat).

Der Mann erweist sich übrigens als Viel-Leser, fragt mich über Arno Geiger und Judith Hermann aus, will wissen, welche deutschen Schriftsteller ich zur Veröffentlichung in Amerika empfehle, und erklärt mir schließlich, dass Lesen für ihn ein Mittel sei, der Last des Alltags und den Familienproblemen zu entfliehen. Zitat: *Driving a family is much harder than driving a business!* Einer seiner Söhne, erfahre ich, hat psychische Probleme. Außerdem gesteht er mir, dass er auch davon träumt, seine Familien- und Lebensgeschichte aufzuschreiben, er weiß noch nicht, ob in fiktionaler oder nicht fiktionaler Form: Er hat Angst vor den Dialogen. Ich empfehle ihm Bateson, *Menschliche Kommunikation.* Dialoge sind leicht, wenn man einmal begriffen hat, dass unsere Kommunikation nicht den Regeln der Vernunft folgt, sondern unausgesprochenen, oft sogar unbewussten Zielen.

Dann verbringe ich einen wunderbaren Vormittag bei mindestens 20 Grad Celsius im Central Park. Beobachtungen:

Der Musiker, der dem Kind die Fünfdòllarnote zurückgibt: That's too much!

Lange stehe ich an einem Baseballplatz, schaue den älteren Herren zu und versuche, das Spiel zu begreifen: Oder üben die nur? Oder besteht das Spiel darin, dass man die meiste Zeit herumsteht?

Die Zäune im Central Park – da sind sie wieder! Alle Wiesen eingezäunt, sogar die wenigen, die man betreten darf.

Die strenge Trennung zwischen Fahrradwegen und Fußgängerwegen.

Der Student, der sich schon zwei Meter vorher entschuldigt, dass er vorbeigehen wird.

Junge Menschen in gefährlichem Rapper-Outfit, einer davon, der Abfall in eine Tonne zu werfen versucht, nicht trifft, steht dann tatsächlich auf, hebt den Abfall auf und wirft ihn in die

Tonne. Wie höflich, wie organisiert, wie artig New York ist! Kein einziger nicht angeleinter Hund. Kein einziger Hundekothaufen auf den Wegen. Die Auswirkungen der Giuliani-Zeit, immer noch anhaltend, obwohl neuerdings alle Leute bei Rot über die Straße gehen – war das vor zehn Jahren schon so?

Was man kaum noch sieht: Menschen, die *ohne* Smartphone und Ohrhörer joggen. Übrigens ausschließlich Weiße. Seltsamerweise kommt es mir tatsächlich so vor, als würde ich neuerdings wesentlich mehr dicke Schwarze sehen als dicke Weiße. Dicksein als Stigma der Unterprivilegiertheit? Klar, die Upperclass hält sich fit, isst vernünftig, gibt Geld aus im Fitness-studio ...

Was mir immer wieder auffällt: Arme, Penner, Ausgeschiedene, die ungehemmt auf der Straße reden oder singen. Es ist, als würden sie ihre Ausgeschiedenheit aus dieser Gesellschaft mit einer Art Autismus beantworten: als weigerten sie sich, ihre Umgebung zur Kenntnis zu nehmen.

Seltsames Bedürfnis, Plätze aufzusuchen, an denen man schon war, allerdings auch nicht sehr originell: Das Dakota-Building, in dem John Lennon wohnte, ich finde es sofort wieder. Eine Gedenktafel gibt es hier übrigens nicht. Stattdessen hat Yoko Ono Schilder vor dem Ausgang aufstellen lassen: *Only Authorized Persons beyond this point.* Wächter, die wie Hotelportiers aussehen, beaufsichtigen die Einhaltung der Yoko-Ono'schen Vorschrift.

Das Imagine-Denkmal gleich nebenan im Central Park dient offensichtlich zur Ablenkung des Touristenstroms. Hier stehen sie alle, und tatsächlich entblödet sich ein New Yorker Junge nicht, «Imagine» auf einer leicht verstimmten Gitarre zu klimpern.

Ich wohne nur dreißig Meter vom Broadway, jener beinahe einzigen krummen Straße Manhattans, auf der Höhe 35th Street. Habe mich gestern mit Kati Marton verabredet, in einem kleinen italienischen Restaurant in der Upper West Side, Höhe 83th Street.

Bin den ganzen Weg zu Fuß gegangen, in der Hauptsache immer den Broadway entlang. Der Broadway, das hat mich schon damals beeindruckt, ist überhaupt nicht breit. Auch der Times Square eine Meile nordwestlich von meinem Hotel ist ja eigentlich schmal, fast kein Platz, obendrein von irrwitzigen Hochhäusern mit riesenhaften Leuchttafeln umstellt, imponierende Kulisse, aber wenn man genau hinschaut, ist es eigentlich nichts weiter als Werbung, und zwar *für die profansten Dinge*: The Lion King, Samsung, Coca-Cola, Hyundai, Morgan Stanley, Hard-Rock-Café, Aeropostale, Sony, Gap, American Eagle, jede Art von Restaurantwerbung, Kinofilm-Werbung, Broadway-Shows-Werbung, man könnte die Aufzählung beliebig fortsetzen: das bombastische Antlitz der Banalität.

Und am Fuße der in den Himmel aufragenden Lichtshow versuchen die Menschen das Ihre, verteilen Flyer, verkleidet als Marienkäfer oder Krümelmonster oder in sexy Aufmachung; mitten in der Menge ein Cowboy, nur mit weißen Slips, Hut und Gitarre bekleidet, muskulös, macht wohl vor allem Werbung für sich selbst, und wenn man befürchtet, dass sich die Frauen von so viel Nacktheit sexuell belästigt fühlen: Gerade spricht ihn eine kleine, vielleicht fünfzigjährige Dame an, eine junge Schwarze, fotografiert ihn ...

Zu alledem laufen am New-York-Times-Gebäude, Times Square Nummer 1 (One Times Square) ständig Nachrichten über das Band: Schulden-Streit zwischen Republikanern und

Demokraten, die Börsenkurse, die Ergebnisse von irgendwelchen Baseball- und Basketballspielen ...

Aber dann, je weiter man den Broadway weiterspaziert, desto mehr, beginnt der Zauber New Yorks zu wirken. Selbst ich möchte plötzlich von «Energie» sprechen. Das Klischee vom *melting pot* fällt mir ein. Aber man sieht es tatsächlich und buchstäblich auf der Straße: Dass dieses Land noch immer eine enorme Anziehungskraft hat, dass es noch immer kluge, aktive, kühne, kreative Menschen aus aller Welt anzieht, aufsaugt, vereinnahmt. Amerika ist die Illusion einer Nation, aber eine mächtige! Sie ist so mächtig, so verführerisch, dass sie wie kaum eine andere imstande ist, zu verschleiern, dass es auch innerhalb einer Nation durchaus sehr *unterschiedliche* Interessen gibt, je nachdem, ob man Shareholder von Goldman Sachs oder Arbeiter bei General Motors ist.

Kati Marton, die Witwe von Richard Holebrook, dem, wie es heißt, «Architekten des Dayton-Abkommens», nimmt diese unterschiedlichen Interessen kaum wahr. Die gebürtige Ungarin, nicht mehr so jung, aber noch immer attraktiv, erweist sich als sympathische und offenherzige Dame, ist aber sehr amerikanisch, fast patriotisch, und als ich sie frage, warum sie glaubt, dass Menschen bereit sind, ihr Leben zu opfern, um den Vereinigten Staaten und ihren Bürgern Schaden zuzufügen, antwortet sie: weil ihnen, als Märtyrer, vierzig Jungfrauen versprochen sind ...

Denkt man so, weil man ein Apartment an der Upper West Side mit Blick auf den Hudson River besitzt? Nur fürchte ich, dass die Auffassungen dieser intelligenten, gebildeten und weitgereisten Frau im Vergleich zu denen des Durchschnittsamerikaners noch ausgesprochen differenziert sind.

21. Oktober 2013. Kontrastprogramm am nächsten Abend mit dem Historiker Mario K., Ex-DDR-Bürger, Linker und Professor an einer New Yorker Universität. Obwohl er schon seit Jahren in NY wohnt (jedenfalls einen Teil des Jahres) hat er offenbar keine Stammkneipe oder Lieblingslokal. Zusammen mit seiner New Yorker Freundin gehen wir zu einem eher suspekten Koreaner gleich nebenan und sind, noch während wir ein ziemlich belangloses Essen bestellen, schon bei Surveillance und sozialer Ungleichheit, bei Noam Chomsky und der amerikanischen Linken, bei der McCarthy-Ära, und von dort aus plötzlich bei Ruth Fischer oder Ossip Flechtheim, dem Futurologen, der, so Mario, den 11. September 2001 schon in den Siebzigern vorausgesagt hat.

Nun, so schlau war ich nicht. Dass es allerdings eine Nation, die seit 1946 in fast zwanzig Kriege verwickelt war, die mörderische Diktatoren unterstützt und Waffen an die halbe Welt geliefert hat, mit dieser Form von Gewalt zu tun bekommen muss – das ist mir zumindest seit einiger Zeit schon bewusst, und ich glaube, dass ich mit dieser Aussage während meiner Reise ein paar junge Amerikaner tüchtig verblüfft habe.

Ja, der Kommunismus war schlimmer! Man muss sagen: der sogenannte Kommunismus. Und auch wenn der sogenannte Kommunismus in der DDR keineswegs seine schlimmste Gestalt hatte: Ich bin froh, dass es vorbei ist! Und wenn ich daraus auch keineswegs den Schluss ziehe, dass ich über die katastrophalen Schwächen und Fehlentwicklungen im Kapitalismus zu schweigen habe (wie es gelegentlich ja von westlichen Besserwissern verlangt wird), so muss ich doch sagen, dass ich die Freude darüber, *dass es vorbei ist*, gerade an diesem Abend noch einmal besonders heftig empfinde: An diesem Abend, an dem ich zusammen mit Mario in einem koreanischen Restaurant in der 35th Street sitze, zwei Ex-DDR-Bürger im Herzen des «Klassenfeindes», die sich – obendrein in Englisch, weil Marios Freundin wenig Deutsch versteht – über die Ungerechtigkeiten und Lügen des amerikanischen Kapitalismus unterhalten, fühle ich auf geradezu beschämende Weise, wie gut es mir eigentlich geht.

Und jetzt google ich doch mal, wer das gesagt hat: «Man müsste versuchen glücklich zu sein, und sei es nur, um ein Beispiel zu geben.»

INHALT

Eugen Ruge
bei Rowohlt und rororo

Annäherung. Notizen aus 14 Ländern

Cabo de Gata. Roman

In Zeiten des abnehmenden Lichts. Roman

Theaterstücke